제임스 몽고메리 보이스의

부활절 메시지

제임스 몽고메리 보이스 지음

권오창 옮김

개혁주의신학사

Presbyterian and Reformed Publishing

P&R(Presbyterian and Reformed Publishing Company)은
미국 뉴저지 주에 소재한 기독교 출판사로서
웨스트민스터 신앙고백서와 요리문답에 기초하여
성경적인 이해와 경건한 삶을 증진시키는
탁월한 도서들을 출판하고 있다.
P&R Korea(개혁주의신학사)는
CLC가 공동으로 운영하는 출판사로서
미국 P&R의 도서를 우선적으로 번역출판하고 있다.

The Christ of the Empty Tomb

Written by
James Montgomery Boice

Translated by
Oh Chang Kwon

Copyright © 2010 by James Montgomery Boice
Originally published in English under the title as
The Christ of the Empty Tomb
by P&R Publishing Company
Translated and used by the permission of
P&R Publishing Company, P. O. Box 817, Phillipsburg,
New Jersey 08865-0817, U.S.A

All rights reserved

Korean Edition
Copyright © 2014, 2021 by Presbyterian and Reformed Publishing
Company
Seoul, Korea

예수께서 이르시되 나는 부활이요 생명이니

나를 믿는 자는 죽어도 살겠고

무릇 살아서 나를 믿는 자는 영원히 죽지 아니하리니

이것을 네가 믿느냐

(요 11: 25-26)

The Christ of the Empty Tomb

부활의 참 소망을

사랑하는 _____ 님과

나누기를 원합니다.

추천사

송태근 목사
삼일교회

부활은 기독교의 궁극적 승리를 위한 최종답안이다. 그렇기에 성도의 고난과 죽음은 거기서 멈추는 것이 아니라, 무덤 속에 영광의 광채를 비추는 섭리의 과정이다. 안타깝게도 언제부터인가 한국교회는 지탱할 힘을 잃고 비틀거리고 적의 공격을 받아 위기에 내몰린 채 패배의식에 빠져 있는 듯 보인다. 사도들이 목숨을 바쳐 주장했던 부활의 능력이야말로 한국교회가 회복해야 할 진리이다. 탁월한 강해설교자요, 진실된 목회자였던 제임스 몽고메리 보이스 목사님의 부활 설교가 한국교회에 생명의 역사를 회복시키기를 소원한다.

서언

린다 M. 보이스(Linda M. Boice)
저자 보이스 목사의 아내

우리 가족에게 부활절은 "기쁨과 환희의 날"이었다. 남편은 제10장로교회에서 매 부활절마다 예배 준비를 위해 온 심혈을 기울였고 엄청난 열정으로 예배에 임하곤 했다. 그는 매번 필라델피아 리튼하우스 스퀘어 부근에서 열리는 부활절 새벽 예배를 위해 서둘러 집을 나서는 것으로 하루를 시작했다. 한 번도 야외 예배를 인도하거나 설교자로 선적이 없었지만, 그냥 예배에 참석하는 것 그 자체를 너무 좋아했다.

그의 제10장로교회의 부활절 예배는 경배 중심의 영광스러운 찬양과 분명한 하나님 말씀으로 널리 알려졌다. 그는 재능 있는 오르간 연주자와 로버트 엘모어(Robert Elmore), 말론 알렌(Marlon Allen), 로버트 칼위든(Robert Carwithen), 폴

존스(Paul Jones) 등 음악프로그램을 주관하는 합창대 지휘자와 함께 예배 섬기기를 큰 기쁨으로 여겼다. 그에게 있어서 웅장한 웨스트민스터 브라스 앙상블과 함께 멋진 합창대가 불러일으키는 아름다움과 즐거움은 진정한 기독교 예배의 구현이었다. 이어서 부활 당일 벌어졌던 사건에 관해 전하는 그의 설교는 매년 부활절 예배의 절정을 이루었다. 부활절 마지막 순서는 오직 교회 성도들만 함께 모여 오붓하게 드리는 가족적인 저녁 예배였다. 저녁 예배는 강해설교와 헨델의 "할렐루야 합창"을 전교인이 함께 부르는 시간이 있었다.

특별하게도 그는 부활절과 깊은 관련이 있다. 1968년 3월 17일, 그는 제10장로교회의 담임목사로 부름을 받았다. 당시 우리 가족은 5월 초까지는 워싱턴 D.C.에서 북쪽인 필라델피아로 이사를 할 수가 없었던 상황이었다. 하지만 제10장로교회의 당회는 새로운 담임목사가 부활절 설교를 하기를 원했고 우리는 세 살배기 딸 엘리자베스를 데리고 부활절이 있는 주말에 필라델피아로 올라왔다. 그리고는 1968년 4월 14일 부활 주일, 남편은 제10장로교회 담임목사로서 첫 설교를 했다. 담임목사가 부재한 상황이 수개월

간 이어지면서 그 교회는 회중이 줄어드는 것을 보고만 있을 수밖에 없었고, 그로 인해 새 생명에 대한 소망이 절실할 수밖에 없었다. 바로 그 부활절, 그리스도 부활의 소망과 기쁨은 그 교회에 특별한 의미가 되었다. 또한 우리 가족에게도 아주 특별한 부활절이 되었다.

분명히 우리 주님께서 우리 삶에 일하시는 방법은 어긋남이 없다. 2,000년 성금요일에 우리 집 주치의가 남편에게 연락을 했다. 최근 검진 결과 그에게서 심각한 간암세포가 발견되었다는 것이다. 그는 성금요일 설교를 했고, 암에 대해서는 누구에게도 말하지 않았다. 그리고 주일, 4월 23일 부활절, 그는 두 시간의 아침 예배를 모두 인도하고 말씀을 전했다. 질병의 증상은 빠른 속도로 진행되었고, 그 부활절 예배 이후 다시는 제10장로교회 강단에서 말씀을 전할 수 없었다. 6월 15일, 주님께서는 그를 자신의 본향으로 데려가셨다.

제10장로교회에서 그의 사역은 부활절에 시작하여 부활절에 끝이 났다. 이렇게 절묘한 타이밍을 보여주심으로 우리에게 확신을 주신 주의 은혜가 얼마나 크신지. 죽음은 승리로 삼켜졌다. 하늘의 아버지와 함께한 자의 미래가 얼마

나 안전한지 알기에 그는 평안한 가운데 인생의 마지막 몇 주를 보냈다. 부활하신 주님께서 그의 미래를 이미 보장해 주신 것이다. 부활절에 선포되는 부활 메시지는 그에게, 그리고 우리 모두에게 진실이다.

저자 서문

제임스 몽고메리 보이스 목사
필라델피아 제10장로교회 담임목사 역임

성탄 메시지를 담은 책, 『성탄절 메시지』(*The Christ of Christmas*, 서울:CLC 역간) 초판이 출간된 후 7개월이 조금 더 되는 시간이 흘렀다. 당시 그 책이 발행되었을 때는 1983년도 성탄절을 맞이하기 조금 전이었고, 사실 그 해 성탄절을 위한 책이었다. 그 누구도 그렇게 많은 부수가 팔려나가리라고는 기대하지 않았다. 그래서 무디 출판사 (Moody Press)와 나는 꽤 많은 부수의 초판이 출간 즉시 완판되었을 때 적잖이 놀랐다. 그리고 성탄절이 불과 6주 남짓 남았을 무렵 추가로 책을 인쇄하지 않으면 안 되는 상황이 되었다.

그 책에 대한 이런 이례적인 반응은 사람들이 이와 같이 부활절 메시지에 관해서도 비슷한 관심이 있을 것이라는 생각을 갖도록 나를 고무시켰다. 앞선 그 책과 마찬가지로 이 책은 대략 1969년부터 1982년 사이에 제10장로교회에서 선포된 설교문을 모아 엮은 것이다. 대부분의 설교문은 부활 주일에 설교한 것들이고, 또 대다수는 같은 기간 동안 내가 진행자로 있던 "성경공부 시간"(The Bible Study Hour)이란 국제 라디오 프로그램에서 설교된 것들이다. 때로 나는 이 메시지들을 가지고 다른 곳에서도 설교를 하기도 했었다. 몇몇 자료들은 조금 다른 형태로 내가 쓴 다른 책에도 사용되었다.

이와 같이 여러 곳에서 선포된 다양한 메시지들을 이 책을 위해 한 데 엮으면서 나는 다음 두 가지에 새삼 놀랐다.

첫째는 그 당시 부활하신 주님을 처음 만난 이들이 부활에 대해 전혀 예상하지 못하고 있었다는 사실이다. 물론 주님은 그들에게 부활에 대해 미리 말씀하셨다. 주님은 이렇게 예언하셨다.

> 인자가 대제사장들과 서기관들에게 넘겨지매 그들이 죽이기로 결의하고 이방인들에게 넘겨주겠고 그들은 능욕하며 침 뱉으며 채찍질하고 죽일 것이나 그는 삼 일 만에 살아나리라(막 10:33-34).

이 예언을 포함한 모든 예언들은 너무 분명해서 오히려 어떻게 제자들이 그리스도의 가르침을 받아들이고서도 부활을 기대하지 않을 수 있었는지 이해하기가 힘들 정도이다. 특히 그리스도 반대편에 선 적대자들은 주님의 부활에 대한 주장을 믿지는 않았지만 무슨 말인지 이해는 한 것 같아 보인다는 것을 생각할 때 더욱 그러하다.

하지만 정말 그러했다. 글로바와 마리아, 엠마오로 가는 제자, 이들은 모두 부활에 관한 소식을 듣긴 했지만 그 소식에는 별로 관심이 없었고 단지 안식 후 그들의 고향으로 돌아갈 여행 채비를 하기에 바빴다. 막달라 마리아는 그리스도의 시체에 대해서만 생각할 뿐이었다. 도마는 가장 거침없이 이렇게 말했다.

> 내가 그의 손의 못 자국을 보며 내 손가락을 그 못 자국에 넣으며
> 내 손을 그 옆구리에 넣어 보지 않고는 믿지 아니하겠노라 하니라
> (요 20:25).

그들은 어떤 이들이 묘사하는 것처럼 어떤 말이든 잘 속아 넘어가는 그런 사람들이 아니었다. 그들은 콧대 높은 회의론자였다. 그들은 요즘 사람들처럼 기적에 대해 받아들

이기를 싫어하는 사람들이었다.

둘째로 내가 아주 깊은 인상을 받은 부분은 제자들이 영광스러운 부활의 예수님을 목격하자 그 후로 얼마나 완전한 확신으로 가득 찼는가 하는 점이다. 이 사건은 단순히 한 두 사람의 목격자가 그를 보았다고 주장하는 정도의 사건이 아니었다. 모든 제자들이, 모든 여인들이, 심지어 오백 명이 한 번에 예수님을 보았다. 이 일은 그들에게 아주 불가항력적인 사건이었고 그 후로 그들 중 어느 누구도 부활 기적에 대해 의문을 품지 않았다. 그 후로도 그들은 여러 번 죄를 지었다. 서로 간에 다툼이 생기는 경우도 있었다. 많은 부분에서 잘못을 범하기도 했다. 그러나 예수님이 죽은 자 가운데서 진정 부활하셨다는 사실과 주님의 부활이 기독교를 위해 증명되어야 할 모든 것을 증명했다는 사실에 대해서는 단 한 번도 의심을 품지 않았다.

예수님의 부활은 다음을 증명한다.

· 하나님은 존재하며 성경의 하나님이야 말로 진정한 하나님이시다.

· 예수님은 하나님의 유일한 아들이며 완전한 신성을 가진 분이다.

· 예수 그리스도를 믿는 모든 이들은 모든 죄로부터 의롭게 되었다.
· 그리스도를 믿는 자들은 이생에서 죄에 대해 초자연적인 승리를 누릴 수 있다.
· 우리도 역시 부활하게 될 것이다.

바로 이러한 이유로 예수 그리스도의 부활은 복음이다. 진정 이것이야말로 이 세상이 들을 수 있는 최고의 소식이요, 죄로 가득하여 죽어가는 우리 세대를 향해 열정적이고 기쁘게 선포되어야 할 소식이다.

제10장로교회의 온 성도들은 내가 이 책을 비롯한 여러 저작들을 집필하는 동안 사랑으로 많은 관심과 성원을 보여주었다. 나의 사역 가운데 중요한 부분인 이 일을 격려해 준 성도들에게 이 지면을 통해 감사를 드린다. 뿐만 아니라 성도들은 먼저 들었던 설교들이 이 책을 통해 많은 독자들에게 복된 말씀으로 전달되도록 기도로 이 문서 사역에 동참하고 있다.

아울러 항상 그렇듯, 원고를 정성스럽게 타이핑하고 참고문 및 여러 세부사항을 검토해준 저의 믿음직한 비서인

커실리 M. 폴스터(Caecilie M. Foelster)에게도 감사를 전하고 싶다.

> 우리 주 예수 그리스도로 말미암아 우리에게 승리를 주시는 하나님께 감사하노니(고전 15:57).

역자 서문

그리스도의 생애 절정에 그분의 죽음과 부활이 있다. 신약의 저자들과 초대교회 그리스도인들은 예수 그리스도의 생애 전체를 복음 그 자체로 본 것이 분명하다. 사도들과 교회가 선포한 복음의 내용 가운데 부활의 메시지는 절대 주변으로 밀려나거나 빠지지 않는다. 그 메시지는 영혼을 살리는 힘이 있었고 교회가 바라보아야 할 것을 바라보게 하는 능력이 있었다.

그렇다면 부활의 메시지는 무엇을 말하고 있는가? 부활에 어떤 메시지가 담겨 있기에 사람을 살리고 교회를 세우는가? 부활 메시지는 오늘날 그리스도인들에게 어떤 소망을 주는가?

이 책은 저자인 제임스 몽고메리 보이스 목사님이 수년 동안 부활절에 전했던 메시지를 엮은 일종의 설교집이다.

그 만큼 각 장에는 부활 메시지의 분명함과 깊이와 강력함에 신실하고 정직하게 반응하고자 씨름했던 한 설교자의 고민이 담겨있다. 이러한 면에서 이 책은 그리스도인들이 위 질문에 답하는 데 큰 도움을 줄 수 있다고 믿는다.

이 책을 번역하는 동안 가장 많이 염두에 둔 부분은 이 글이 다름아닌 설교라는 점이었다. 따라서 설교적 문체를 해치지 않고자 노력했다. 독자가 설교로서 글을 읽는다는 것을 여러가지 측면에서 생각해볼 수 있다. 정말 한편의 설교를 듣듯이 한 설교문을 읽는 동안 읽기를 멈추지 않으며 그 문맥을 살피는 것도 중요한 부분이라 생각한다. 그러나 설교문을 잘 읽었는지 판단해 볼 수 있는 기준은 소통 여부에 있다. 독서를 통해 설교문이 전달하고자 하는 성경본문의 메시지가 독자의 마음에 심겨졌느냐하는 것이다. 즉, 각 설교문을 성경본문과 함께 읽고 그 메시지를 독자 스스로가 자기 마음에 분명히 전할 때 이 책의 가장 큰 의미를 발견할 수 있을 것이다.

좀 더 깊이 읽고자 하는 독자라면 이 책이 20세기 후반 미국이라는 배경 속에서 나온 설교임을 기억하고 읽으면 더 큰 도움이 되리라 생각한다. 설교는 어떤 면에서 문화적인 행위이다. 더 정확히 말해 문화와 여러모양으로 씨름하는 행위이다. 한 유한한 인간이 무한한 하나님의 말씀을 해석할 때 자신이 가진 세계관으로부터 자유할 수 있다고 생각하는 것은 교만이다. 더욱이 바른 말씀으로 양을 먹이도록 부름받은 설교자가 그 시대의 쟁점을 전혀 신경쓰지 않고 설교를 한다는 것은 직무유기이다. 1960년대에서 80년대 무렵 본 설교문을 쓴 제임스 몽고메리 보이스 목사님은 그 시대의 인물이었다. 그의 성경해석과 설교방향 곳곳에 20세기 중후반 미국을 휩쓸었던 역사적 예수(historical Jesus) 논쟁, 성경무오(Biblical inerrancy) 논쟁, 복음서 조화(gospel harmonization) 논쟁 등과 같은 신학 논쟁의 흔적이 묻어 있다. 어쩌면 21세기 초반 한국을 살아가는 독자들에게는 생소하거나 공감이 가지 않는 부분이 있을 수 있다. 수십년이란 시간적 변화와 미국-한국이라는 공간적 차이는 시간과 공간의 다름 그 이상으로 세계관의 다름을 의미한다. 세계관의 다름은 성경을 보는 눈과 말씀을 듣는 귀가 같을 수 없다는 의미 역시 다소간 내포한다. 하지만 이러한 차이가 반드시 이 책의 설교가 전하는 말씀과 독자 사이의 심리적 거리가 멀다는 것을 의미하지는 않는다. 오히려 이 차이를 이해하고 당시의 배경을 고려하며 이 책을 읽는다면 저자의 의도에 공감할 수 있음은 물론이고, 영원한 하나님의 말씀을 다각적으로 볼 수 있는 기회를 얻을 수 있다고 믿는다. 특히 21세기 설교자에게 있어서 이러한 시대적 이해를 겸한 읽기는 다양하고 건강한 질문으로 성경본문과 씨름하고 부활 메시지를 분명히 전하는 데에 큰 도움이 되리라 생각한다.

제임스 몽고메리 보이스 목사님이 전한 부활 메시지가 독자들에게 잘 전달되어서 한 그리스도인이 바라보아야 할 것을 바라보는 데에 도움이 된다면, 그래서 한국교회가 건강하게 성장하는 데에 조금이나마 도움이 된다면 나는 이 번역을 더할 나위 없는 보람으로 느낄 것이다. 끝으로 역자의 가장 큰 바람은 독자들이 이 책을 모두 읽은 후 다음 질문에 분명하게 답하고, 그 메시지를 누구에게나 분명히 전할 수 있게 되는 것이다.

"당신은 부활신앙을 가진 그리스도인인가?"

2014년 3월
부활절을 앞두고 필라델피아에서
권오창 識

Contents

추천사   7
서언   8
저자 서문   12
역자 서문   18

제 1 부 도래하는 새 날

1장 그분은 살아계신다!   27

2장 "나는 생명이니"   47

제 2 부 첫 번째 주일

3장 사흘 째 되는 날까지   65

4장 힘대로 굳게 지키라   85

5장 처벌 대신 보상   105

6장 완전히 비어있지만은 않은 무덤   123

7장 믿음이 사그라졌던 그 날   141

8장 어찌하여 울고 있느냐?   **161**

9장 엠마오로 가는 길을 걸어보라   **179**

제 3 부 "그분이 살아나셨다"

10장 사상 최고의 소식   **199**

11장 예수님과 부활   **217**

12장 부활을 전한다는 것   **237**

13장 굴복된 사망   **259**

제 4 부 우리의 새 날

14장 부활을 기억하라   **281**

15장 부활 주일을 위한 네 가지 단어   **295**

16장 다시 사신 그리스도의 명령   **313**

The Christ of the Empty Tomb

1
도래하는 새 날

The Christ of the Empty Tomb

1장

그분은 살아계신다!

당신은 영원히 보존될 수 있으면 좋겠다고 생각할만한 통찰을 얻었거나 중요한 계시를 받은 경험이 있는가? 만약 있다면, 혹은 그렇게 생각될 만한 아주 부분적인 경험이라도 있다면, 당신은 욥이 말한 "내가 알기에는 나의 대속자가 살아계시니"(욥 19:25)라는 말의 어감을 잘 이해할 수 있을 것이다. 우리는 때로 특별히 생생하게 전달되는 어떤 말을 듣고 이렇게 말한다. "내가 그것을 그저 기억할 수만 있다면!" 혹은 어떤 통찰을 얻고서 이렇게 말한다. "내가 이것을 글로 받아 적을 수만 있다면 절대 잊지 않을 텐데!"

이것이 바로 욥이 경험했을 법한 감정이다. 그는 극심한 고통을 겪었다. 우선은 그의 소유의 상실로, 다음으로 열 명의 자녀들의 죽음으로, 마침내 자기 자신의 건강의 악화로 큰 고통을 겪었다. 그의 친구들은 위로의 명목으로 찾아오긴 했지만, 그들은 욥의 불행을 그가 살면서 지은 해결되지 않은 어떤 죄의 결과라고 비난하면서 그를 더욱 고통스럽게 만들었다. 친구들과의 문답 과정 속에서 욥은 지금 다루고자하는 깊은 통찰이 담긴, 내가 인용한 그 말을 했다.

욥은 훗날 자신의 결백이 입증될 것으로 인식하고 있었다. 사실 그는 자신을 변호해 줄 한 사람, 욥이 "나의 대속자"라고 부른 그분, 바로 예수 그리스도가 계시다는 것을 알고 있었다. 이 한 사람은 미래의 어느 날 이 땅 위에 바로 서서 욥을 죽음으로부터 건져내고 그가 하나님을 볼 수 있도록 인도할 것이다.

이 소망을 표현하는 욥이 얼마나 격양되어 있는지 한 번 상상해보라. 욥의 시대에는 이 소망을 공유한 사람이 많지 않았다. 아니, 이를 이해한 사람이 거의 없었다. 그래서 욥은 그의 말이 보존되기를 바란다고 말했다.

> 나의 말이 곧 기록되었으면, 책에 씌어졌으면, 철필과 납으로 영원히 돌에 새겨졌으면 좋겠노라(욥 19:23-24).

우리에게 다행스러운 점은 욥의 바람이 이루어졌다는 것이다. 그의 말은 단순히 어떤 책에 보존된 것으로 그친 것이 아니라 책 중의 책인 성경에 지금까지 보존되어있다.

1. 기업 무를 자(친족-대속자: a Kinsman-Redeemer)

내가 알기에는 나의 대속자가 살아계시니 마침내 그가 땅 위에 서
실 것이라(욥 19:25).

욥의 진술에서 우리가 첫 번째로 살펴볼 부분은 바로 이 문장의 핵심어인 "대속자"라는 단어이다. 이 단어는 풍부하면서도 특별한 의미를 전달하는 용어이다. 이 단어는 히브리어로 고엘(גאל)인데, 친족으로서 기업 무르는 의무(채무 등을 상환해주고 상속분을 이어갈 수 있도록 돕는 것-역주)를 이행하는 친인척을 일컫는 말이다. 이 단어를 이해하기 위해서 우리는 빚으로 인해 조상 대대로 상속되는 토지를 잃게 된 한 히브리인을 떠올려보아야 한다. 이 히브리인은 토지를 저당 잡힌 상태에서 빚을 갚을만한 돈이 부족하여 그 재산을 잃게 될 위기에 처한 사람이다. 나오미와 룻에게 일어난 일이 바로 이러한 경우에 해당하는 것이었고, 그 결과 그들은 한때 땅을 소유하기도 했지만 결국 가난하게 되었다. 이러한 상황에서 가까운 친족으로서 상속분에 대한 값을 지불해주는 것이 바로 고엘의 의무였다. 즉, 채무를 상환하고 잃을 뻔했던 그의 친척의 땅을 되돌려주는 것이 고엘의 의무이

다. 보아스가 룻에게 한 것이 바로 이것이다.

욥이 신적 대속자를 향한 믿음을 표현하면서 염두에 두었던 것이 이 기업 무를 자와 관련된 풍습이었다. 그렇기 때문에 욥기의 이 구절은 욥 자신의 부활을 언급하고 있는 것으로 보는 것이 마땅하다. 욥이 이 구절을 말했을 때 그는 아주 비참한 육체적 조건 가운데 있었다. 그는 가족을 잃었고 건강을 잃었다. 그는 자신의 죽음 역시 머지않았음을 생각하고 있었을 것이다. 분명 그는 죽을 것이고 그러면 벌레가 와서 시체를 갉아 먹을 것이다. 하지만 이것이 이야기의 끝이 아니다. 앞서 언급한 상속 토지와 마찬가지로 욥에게 있어서 그의 상속분은 그의 몸이었다. 토지를 위해 기업 무를 자가 있었듯이 그의 육신이라는 기업을 이을 수 있도록 구속해줄 한 사람 역시 있다는 것이다. 몇 년이 흐를지 모르지만, 먼 훗날 그 대속자가 땅 위에 서서 그의 몸을 죽음에서 건져냄으로써 고엘의 의무를 이행할 것이다. 그분은 하나님의 임재 안으로 욥을 인도하실 것이다.

나는 "내가 육체 '안에서' 하나님을 보리라"(욥 19:26)라는 구절이 다르게 번역되는 경우들이 있음을 본다. 어떤 번역 성경은 "육체 밖에서"(without my flesh)라는 번역을 채택하는 경우가 있다(개역개정은 "밖에서"로 번역한다-역주). 하지만 이러한 번역은 본 구절의 어감을 제대로 살리지 못한다. 만약 구속되는 것이 욥의 육체가 아니라면 도대체 무엇이겠는가? 영 혹은 혼은 결코 없어지는 것이 아니기 때문에 분명히 아닐 것이고, 그렇다고 욥이 가진 물질적 소유도 아닐 것이다. 이 구절은 그러한 것들을 전혀 고려하고 있지 않다. 구속되는 것은 바로 욥의 몸이다. 따라서 욥이 기대하는 것은 구속된 육체 안에서 그 육체의 눈으로 하나님을 보는 것이다.

고엘의 또 다른 의무는 필요한 경우 무력을 사용해서 친족을 구하는 것이다. 아브라함은 소돔 동맹국과의 전쟁에서 네 왕들이 조카 롯을 잡아갔을 때 이 의무를 이행했다. 아브라함은 그의 식솔들을 무장시키고 그 네 왕과 포로들을 끝까지 추격하여 밤의 어둠을 틈타 공격하고 모든 포로들과 전리품들을 제자리로 돌려놓았다. 이것이 바로 우리 주 예수 그리스도가 하신 일이다. 그렇다! 예수님은 죽음의 세력을 무력으로 쳐서 부수었다. 여기서 예수님의 무력은 마땅히 부활의 능력을 가리킨다.

끝으로 고엘의 기타 의무는 죽음에 대한 원수를 갚는 것이다. 이스라엘 백성들이 공격을 당했고 지금 죽어가고 있다고 상상해보라. 고엘은 자신의 친족들이 공격을 당했다는 사실을 알게 된다. 그는 검을 손에 움켜쥐고 원수를 갚기 위해 친족들을 죽인 자들에게 달려 나간다. 그리스도는 이와 같이 우리의 원수를 갚아 주시는 분이시다. 우리는 죽음의 세력 아래 있지만 그 죽음에 대한 원수를 갚아주실 대속자가 우리 곁에 있다. 우리는 말씀을 통해 이러한 예수님을 본다.

> 그가 모든 원수를 그 발 아래에 둘 때까지 반드시 왕 노릇 하시리니 맨 나중에 멸망 받을 원수는 사망이니라…사망아 너의 승리가 어디 있느냐 사망아 네가 쏘는 것이 어디 있느냐 사망이 쏘는 것은 죄요 죄의 권능은 율법이라 우리 주 예수 그리스도로 말미암아 우리에게 승리를 주시는 하나님께 감사하노니 (고전 15:25-26, 55-57).

2. 살아계신 대속자

다음으로 우리가 욥의 말을 더 자세히 살펴보다보면, 단지 그에게 대속자가 계신다는 사실을 뛰어넘어 살아계신 대속자가 계신다는 사실에 대해 욥이 확신을 갖고 있었음을 발견하게 된다. 이는 중요한 사실이다. 왜냐하면 대속자가 그의 직분을 다하려면 반드시 살아있어야만 하기 때문이다.

욥이 단순히, 나에게 대속자가 계신다고만 말할 수 있어도 이것은 놀랄 만한 일이다. 더 나아가 자신이 언급하고 있는 대속자가 그리스도라는 것까지 말할 수 있으면 이것은 더더욱 놀랄만한 일일 것이다. 이런 분을 아는 것, 그분과 관계를 맺는 것, 그분이 하신 일을 회고할 수 있는 것, 이 모든 것들이 기쁨과 위로를 주는 일일 것이다. 하지만 현재 직면해 있는 문제에 대한 필요를 감안할 때 이것만으로는 충분치 못하다. 지금 필요가 절실한 사람도 "나에게 대속자가 계셨었는데, 나는 그것을 소중히 생각해"라고 과거를 언급할 수 있다. 그러나 그는 분명 여기에 그치지 않고 말을 이을 것이다. "그런데 나는 그분이 바로 지금 계셨으면 좋겠어." 만일 대속자가 잃어버린 상속토지를 사서 되돌려주려면, 잡혀있는 포로들을 자유롭게 해주려면, 적들을 물리치려면, 그는 반드시 살아있어야만 한다.

욥은 자신이 대속자를 "소유했었다"라고 말하지 않는다. 그는 말하길, 그는 대속자를 지금 소유하고 있으며, 그 대속자는 지금 살아계시다고 했다. 우리도 그와 동일한 살아계신 대속자, 예수 그리스도를 소유하고 있다.

  이것이 부활절 우리 신앙고백의 요점이자, 사실 매 주일 하는 신앙고백의 요체이다. 우리는 예수님께서 죽음에서 부활하셨고 영원히 사셔서 그를 부르는 모든 자들을 도우신다는 사실을 고백한다. 이에 대한 증거는 불가항력적이다. 복음서의 서술 자체가 바로 그 증거이다. 복음서가 네 개의 서로 다른 독립적인 기록으로 이루어져 있는 것은 꽤나 자명한 사실이다. 왜냐하면 만약 네 개의 복음서가 독립적으로 기록되지 않았다면 그 기록들 간에 이렇게 많고 뻔한 불일치점을 그대로 남겨두지 않았을 것이기 때문이다. 그 대표적인 예로 여자들이 예수님의 무덤에 간 시간이나, 그 때 나타난 천사들의 수 등이 서로 일치하지 않은 상태 그대로 각 복음서에 기록되어 있다. 동시에 그 기록들이 깊은 조화를 이룬다는 것 역시 명백하다. 복음서들 간의 조화는 단지 표면적인 조화가 아닌 각 기록들을 분석하면 할수록 더 분명히 나타나는 서로 간의 긴밀하고 섬세한 조화이다. 사실 이러한 현상은 복음서의 진술이 직접 목격한 사람들의 네 가지 상호독립적인 기록이라 할 때 우리가 충분히 예상할 수 있는 상황과 일치한다.

한 작가는 이 증거에 대해 다음과 같이 요약한다.

> 복음서의 진술들은 당연히 실제 일어난 사건의 기록이거나 그렇지 않으면 허구, 둘 중 하나이어야만 한다. 만약 허구라면 이 진술들은 각각 독립적으로 지어졌거나 혹은 서로 공동 모의를 통해 지어졌어야만 한다. 하지만 이들은 독립적으로 꾸며졌을 가능성이 없다. 왜냐하면 서로 일치하는 부분이 너무 선명하고 또 너무 많기 때문이다. 이들은 공동 모의를 통해 꾸며졌을 가능성도 없다…명백한 불일치점들이 너무 많고 너무 확연하기 때문이다. 독립적으로 꾸며지지도, 공모를 통해 꾸며지지도 않았다는 것은 이 진술들이 절대 꾸며진 것이 아니라는 말을 분명하게 하고 있는 것과 같다. 따라서 복음서의 진술은 실제로 일어난 사실에 대한 기록이다.[1]

또한 우리 주 예수 그리스도의 부활은 제자들의 변화된 삶을 통해서 증명된다. 부활 이전 제자들에게는 두 가지 부정적인 평가가 내려질 수 있었다. 더욱이 이 평가는 그들 자신의 고백으로 인한 것이었다. 첫째, 그들은 예수님의 십자가 죽음과 부활에 관한 가르침을 이해하지 못했다. 둘째, 그들은 비겁했다. 베드로는 자신이 예수님을 죽음으로부터

---

1 R.A. Torrey, *The Bible and Its Christ: Being Noonday Talks with Business Men on Faith and Unbelief* (New York: Revell, 1904-1906), 60-61.

보호할 것이라고, 그리고 절대 예수님을 부인하는 일이 없을 것이라고 말한 적이 있었다. 그러나 예수님께서 잡히시던 밤, 그는 예수님을 부인했다. 다른 제자들도 역시 예수님으로부터 등을 돌렸다. 부활절 당일 예수님이 다락방에 있는 제자들에게 나타나시기 전까지만 해도 제자들은 유대인이 무서워 숨어있었다는 사실을 우리는 성경에서 발견한다. 그런데 몇 시간이 지나자 그들은 예루살렘에 담대히 서서 예수님의 십자가 처형을 공공연히 규탄하고 예수님을 믿으라고 선포한다. 더 나아가 훗날 그들이 체포되었을 때에도 미래에 대한 공포로 잔뜩 위축되기 보다는 오히려 그리스도인의 믿음과 교리를 완전히 전하고 있는 제자들의 모습을 우리는 성경을 통해 본다. 무엇이 그 차이를 만들었을까? 무엇이 겁쟁이를 담대한 자로, 제각각 뿔뿔이 흩어진 모임을 하나의 단결된 세력으로, 환멸감에 빠진 추종자에 불과한 이들을 복음 전도자로 만들었을까? 단 한가지만이 이 차이를 설명할 수 있다. 예수 그리스도의 부활이 바로 그것이다.

수많은 증거들이 있지만, 다음의 이 증거를 언급하지 않을 수 없다. 그것은 바로 예배드리는 날이 변경된 것이다.

예수님 부활 이전 그리스도를 따르는 자들은 모든 유대인들이 그랬던 것처럼 토요일에 예배를 드렸다. 왜 토요일에 예배를 드려야하는지에 대해 의문을 제기하는 이는 아무도 없었다. 그저 수세기 동안 계속되어왔던 관례다. 그러나 부활 이후로 우리는 새롭게 형성된 기독교 공동체가 토요일이 아닌 한 주의 첫째 날인 일요일에 모임을 갖는 것을 발견하게 된다. 이는 분명히 예수님의 부활 때문이다.

3. 개인의 대속자

욥의 진술에서 우리가 세 번째로 살펴볼 부분은 다음과 같다. 욥은 단순히 그에게 대속자가 계신다라고만 말한 것이 아니라 그분이 살아계신 대속자라고 단언했다. 그 뿐만 아니라 적절하게 덧붙여서 그분이 욥 자신의 대속자라고 말했다. "나의"라는 소유 대명사를 사용한 것이다. "내가 알기에는 나의 대속자가 살아계시니"라고 말이다. 당신은 예수 그리스도와 관련하여 이처럼 "나의"라는 단어를 쓰는 것이 무슨 의미인지 알고 있는가? 이는 우리에게 개인적 신앙의 필요성을 상기시켜준다.

이것이 우리가 갈망하는 것이지 않는가? 우리는 각각 한 사람의 개인이다. 또한 우리는 개인적인 관계를 갖기를 소망한다. 우리는 개별적인 인격체로서 하나님의 형상대로 지음을 받았다. 그렇기 때문에 우리는 하나님과 개인적인 관계를 갖기를 갈망한다.

나는 우리 교회 젊은이들이 종종 서로를 평가하는 데에 대단히 관심이 많다는 사실을 알게 되었다. 예를 들어 특정한 형제들에게 특별히 관심을 갖는 자매들이 있다. 마찬가지로 특정한 자매들에게 특별히 관심을 갖는 형제들이 있다. 비록 이런 관심을 말로 표현하는 일에 서툰 경우가 있지만 말이다. 이것은 참으로 멋진 일이다. 각자가 가진 장점이나 멋진 외모를 서로 알아보는 것은 좋은 일이다. 그런데 나는 그들의 진정한 관심은 누군가를 평가하고 칭찬하는 데 있지 않고 개인적인 친밀함을 갖는 데 있음을 발견했다. 단지 "저 친구 좀 봐. 너무 잘 생겼다!" 라고 말하기보다 "내 애인 좀 봐" 라고 말할 수 있으면 더 좋겠다고 생각하는 자매들을 아주 많이 보았다. 마찬가지로 어떤 형제들은 "내 여자 친구 좀 봐" 라고 말하길 원한다. 평가와 칭찬도 좋다.

그러나 개인적인 친밀함이 더 낫다.

개인적 친밀함은 그리스도와의 관계 안에서 우리가 누리는 특권이다. 그리스도를 바라보며 감동하고 감탄하는 것은 좋은 일이다. 무엇보다도 예수님은 부활하신 영광의 주님이시지 않는가! 그리스도를 보고서도 감탄하지 않는다면 그것은 어리석은 일일 것이다. 그렇다면 욥이 그러했듯이 예수님을 개인적으로 아는 것은 단순히 감탄만 하는 것보다 얼마나 더 좋겠는가?

예수님은 우리의 죄를 위해 죽으시고 부활하시려고 이 땅에 오셨다. 당신은 "나의 하나님이 나의 대속자로서 나의 죄를 위해 죽으시고 나의 의를 위해 부활하시려고 이 땅에 오셨습다"라고 고백할 수 있는가? 당신이 이렇게 고백할 수 있기 전까지 당신은 진정한 그리스도인이라는 사실을 증명할 수 없다.

지체해서는 안 된다. "내년에 그렇게 고백할거야"라고 말하지 마라. 당신이 내년에 같은 자리에 있을 것이라고 아무도 보장할 수 없다. 어쩌면 이 글을 읽는 어떤 이들은 내년에 아예 이 세상에 없을지도 모른다. 내일조차 어쩌면 늦은 것일지도 모른다.

성경은 이렇게 말한다.

> 보라 지금은 은혜 받을 만한 때요 보라 지금은 구원의 날이로다 (고후 6:2).

4. 확신

나는 당신이 욥의 확신을 소유한 사람이 되기를 소망한다. 이것이 우리가 살펴볼 네 번째 중요점이다. 욥은 그의 대속자를 언급했을 뿐만 아니라, 또한 그분이 살아계셔서 개인적인 관계를 맺는 대속자임을 단언했다. 그 뿐만 아니라 욥은 그 사실들을 안다고 고백했다.

> 내가 알기에는 나의 대속자가 살아 계시니 마침내 그가 땅 위에 서실 것이라(욥 19:25).

당신이 그리스도인이라면 이런 확신을 가져야 한다. 왜 어떤 사람들은 종교적인 내용이라면 일단 의심하고 보는 것이 칭찬받을만한 일이라고 생각하는지 모르겠다. 그러한 이들은 확신을 갖는 것은 공허하거나 무례하다고 생각한다. 반면 "나는…을 잘 모르겠지만…그렇게 되면 좋겠다. 나는…를/라고 믿고 싶다. 나는…라고 생각한다"라고 확신 없이 말하는 것은 겸손하고 바람직한 것이라 생각한다. 이보다 더 잘못된 것이 어디 있는가? 겸손한 사람은 하나님의 계시 앞에 꿇어 엎드려 하나님의 하나님 되심을 인해 그 계시를 온전히 받아들이는 사람이다. 자신이 하나님을 의심할 수 있을 만한 지식을 충분히 가지고 있다고 생각하는 사람이라면 그 사람은 교만한 사람이다. 더욱이 하나님은 의심은 하나님을 거짓말하는 자로 만드는 것과 같다고 말씀하신다. 즉, 의심은 하나님의 말씀이 신뢰할 가치가 없다고 말하는 것과 같다는 말이다(참고. 요일 5:10).

예수님은 살아계신다! 그것을 믿으라! 그것을 선포하라! 그에 합당하게 행동하라! 욥과 같이 "내가 알기에는 나의 대속자가 살아계신다"라고 말하라. 그리고 예수님의 부활로부터 중요한 유익이 흘러나온다는 사실을 바로 보아야 한다.

그 유익은 무엇인가? 우리는 이미 이를 언급했다. 첫 번째 유익은 예수 그리스도 안에 있는 신자들이 다시 살 것이라는 점이다. 욥은 자신의 고백에 "내 가죽이 벗김을 당한 뒤에도 내가 육체 **밖에서** 하나님을 보리라"(욥 19:26)라고 덧붙임으로써 부활에 대한 확신을 언급한다. 우리의 대속자가 살아계시기에 우리도 살 것이다. 예수님의 부활은 우리가 부활할 것에 대한 보증이다.

또한 우리는 하나님을 볼 것이다. 이것이 두 번째 유익이다. 우리는 다시 살 것이고 그 다시 산 육체 가운데에서 하나님을 볼 것이다. 얼마나 놀라운 생각인지. 그 어떤 말보다 얼마나 더 놀라운 말인가. 욥이 "나는 천국을 보리라"라고 하지 않았다는 점에 주목해보라. 사실 천국을 볼 것이라 했다고 해도 틀린 말은 아니다. 그러나 그가 하나님을 볼 것이라는 사실에 비해서는 상대적으로 중요하지 않다. 스펄전은 이렇게 말했다.

> 욥은 '나는 진주로 장식된 문과 벽옥으로 된 벽을 볼 것이고 금 면류관과 천상의 하모니를 만들어내는 하프를 볼 것이다'라고 말하는 대신 '나는 하나님을 볼 것이다'라고 말했다. 마치 이 짧은 문장이 천국의 요약이자 본질인 것처럼 말이다.[2]

---

2 Charles Haddon Spurgeon, "I Know that My Redeemer Liveth," in *Metropolitan Tabernacle Pulpit*, vol. 9 (Pasadena, Tex.: Pilgrim Publications, 1969), 214.

욥은 "나는 거룩한 천사들을 보리라"라고 하지도 않았다. 적어도 요한계시록을 쓴 사도 요한의 눈을 통해 우리에게 묘사된 그 장면만 생각해봐도 거룩한 천사들의 모습은 분명히 장관이었을 것이다. 이 요한의 묘사보다 더 가슴을 두근거리게 하는 장면을 거의 본 적이 없다. 그러나 그 장면 역시 하나님을 향한 영혼의 응시(凝視)라는 놀라운 일 앞에서 무색해져 버린다. 마지막으로 욥이 "나는 나 이전에 천국에 간 사람들을 보리라"라고도 말하지 않았다는 사실에 주목해야 한다. 천국에 있는 사람들을 만나는 것은 굉장히 즐거운 일일 것이다. 또한 무엇보다 먼저 세상을 떠난 자녀들이 그 중에 있다고 생각하면 더더욱 그러할 것이다. 욥은 그렇게 말하지 않았다. 욥은 진주로 장식된 문, 거룩한 천사, 자기 자녀들, 이 모든 것을 볼 것이다. 하지만 이들 중 어떤 것도 비교조차 할 수 없을 만큼 한없이 영광스러운 하나님을 볼 것이다.

이것을 제한되고 편협한 시각이라고, 멋지긴 하지만 너무 작은 비전이라고 치부해서는 안 된다. 마치 부활절 계란 모양 사탕 껍데기에 조그맣게 그려진 오래된 전원 풍경을 보는 것처럼 생각하지 마라. 하나님은 무한하시다. 하나님을 볼 때 완전한 만족을 경험할 수 있고 한 사람의 전인격이 충만해질 수 있다.

5. 살아있는 기록

욥의 진술로부터 얻은 결론이 바로 여기에 있다. 우리 주 예수 그리스도께서 이 땅에 오시기 수세기 전, 기록된 역사의 여명기에 살았던 욥이 우리가 앞서 논의했던 주요점들을 이미 알고 있었다면 그리스도 부활을 알고 그분의 능력을 삶 가운데 목격하고 경험한 우리는 그 요점들에 관해 얼마나 더 잘 알아야 하겠는가? 예수 그리스도라는 의의 태양이 아직 뜨기 전 욥은 어두컴컴하고 안개가 자욱한 시간을 살고 있었다. 욥은 예수님이 복음을 통해 영원불멸한 생명의 빛을 비추어주시기 이전의 시대를 살았던 사람이었다. 만약 그가 부활에 관해 전혀 이해하지 못했다면 그래서 그것을 믿지 못했다면 그 누가 그를 비판할 수 있었을까? 아무도 없었다. 그러나 그는 부활을 믿었다. 그렇다면 우리는 그보다 얼마나 더 잘 믿어야 하겠는가?

당신은 욥과 같이 "내가 알기에는 나의 대속자가 살아계시니 마침내 그가 땅 위에 서실 것이라. 내 가죽이 벗김을 당한 뒤에도 내가 육체 밖에서 하나님을 보리라"(욥 19:25-26)라고 말할 수 있겠는가? 그렇다면 그 확신 안에서 당신의 삶을 살아야 한다. 죽음을 두려워하지 마라. 죽음은 누구에게나 찾아오게 되어 있다. 하지만 그 죽음의 존재 만큼이나 부활의 존재 역시 분명하다. 뿐만 아니라 예수님은 다시 오신다. 머지않아 그 일이 일어날 때 그분은 우리 모두를 맞아주실 것이다.

여기서 나는 한 가지 생각을 더 나누고 싶다. 그렇다. 우리는 이 진리를 믿는다. 하지만 단지 믿는 것에만 그치지 말아야 한다. 다른 이들도 이 부활 신앙을 나눌 수 있도록 이 진리를 전달해야 한다. 욥이 갈망하는 것이 결국 무엇인가? 그것은 그의 말이 보존되고 부활에 대한 믿음이 다음 세대에 전수되는 것이다. 이 부활의 소망이 수세기 교회 역사를 통해 우리에게까지 이어져 내려왔다. 우리 역시 우리 자녀들과 그 자녀들의 자녀들에게 이르기까지, 살아계신 주 예수 그리스도께서 영광 중에 다시 오실 그날까지 이 소망을 흘려보내야 한다. 예수 그리스도는 살아계신다. 그 분은 살아계신다! 그러므로 다른 사람들에게 전하자. 그리고 욥과 같이 큰 소리로 선포하자.

> 내가 알기에는 나의 대속자가 살아계시니 마침내 그가 땅 위에 서 실 것이라. 내 가죽이 벗김을 당한 뒤에도 내가 육체 밖에서 하나님을 보리라(욥 19:25-26).

2장

"나는 생명이니"

주전 1세기경 한 유명한 편지가 기록되었다. 로마인 술피키우스 세베루스(Sulpicius Severus)가 위대한 웅변가 키케로(Cicero)의 사랑하는 딸 툴리아(Tullia)의 죽음에 즈음하여 키케로에게 보낸 편지가 바로 그것이다. 그 편지는 그 웅변가를 향한 깊은 연민을 담고 있는 동시에 그의 딸이 단지 전 인류가 보편적으로 맞이해야할 운명을 맞이한 것이라는 사실과 실패로 끝난 공화정의 자유와 함께 역사 저편으로 그녀가 떠났다는 사실을 상기시킨다. 그 편지는 따뜻하고 감동적이다. 하지만 무덤 이후 삶에 대한 희망은 조금도 이야기하고 있지 않는다. 키케로는 그의 답장에서 친구의 연민에 감사하며 자신의 상실의 크기에 대해 자세히 기록했다.

한 세기가 지난 후 키케로가 처했던 것과 유사한 상황에 놓인 그리스도인들에게 글을 쓸 기회가 사도 바울에게 주어졌다. 그들은 수많은 동료의 죽음 앞에서 낙심하고 있었다. 그런 그들에게 바울은 이렇게 말한다.

> 형제들아 자는 자들에 관하여는 너희가 알지 못함을 우리가 원하지 아니하노니 이는 소망 없는 다른 이와 같이 슬퍼하지 않게 하려 함이라 우리가 예수께서 죽으셨다가 다시 살아나심을 믿을진대 이와 같이 예수 안에서 자는 자들도 하나님이 그와 함께 데리고 오시리라…그러므로 이러한 말로 서로 위로하라(살전 4:13-14, 18).

위의 두 편지, 즉 술피키우스 세베루스의 편지와 바울의 편지는 주목할 만한 대조를 보인다. 그리고 이 두 편지를 통해 선명하게 두드러지는 것은 바로 그리스도인의 믿음 안에 나타난 내세에 대한 새로운 관념이다. 키케로는 플라톤의 불멸에 대한 견해를 모르는 사람이 아니었다. 하지만 그 정도는 무자비한 죽음의 공포를 직면한 이에게는, 그리고 사랑하는 이의 돌이킬 수 없는 상실을 경험한 이에게는 그저 빈약한 위로에 지나지 않았다. 반면 바울은 소망과 확신에 관해 이야기했다. 그리고 그의 이야기는 모든 상실의 고통을 겪는 이들에게 진정한 위안을 주었다. 소망, 확신, 위로, 이러한 것들은 어디서부터 왔는가? 그 답이 여기에 있다. 그러한 것들은 바로 예수 그리스도를 통해 이 땅에 들어왔다. 소망과 확신과 위로는 예수님 부활의 진리에 근거하고 있으며, 그분과 직접적으로 나누는 인격적인 교제의 현실에 근거하고 있다.

1. 새로운 소망

요한복음 11장에 나오는 사건을 통해 이 새로운 소망이 처음으로 베일을 벗기 시작한다. 요한복음 11장에서 예수님은 이렇게 말씀하신다.

> 예수께서 이르시되 나는 부활이요 생명이니 나를 믿는 자는 죽어도 살겠고 무릇 살아서 나를 믿는 자는 영원히 죽지 아니하리니 (요 11:25-26).

마리아와 마르다, 나사로는 예루살렘 성읍과 그렇게 멀지 않은 베다니라는 곳에 살고 있었다. 예수님은 그 가족을 잘 알고 있었다. 누가복음에 의하면 예수님은 그들의 집을 종종 방문하셨다. 한 번은 예수님이 가르치실 때 마리아가 음식을 준비하는 대신 예수님의 발 앞에 붙어 앉아 말씀을 배웠다. 언니를 당혹스럽게 하면서 말이다. 요한은 예수님이 마지막 몇 주 사역하시는 동안 그들 집에 거하셨다는 사실을 말한다. 추측컨대 예수님과 제자들은 십자가 사건이 있기 전 예루살렘에서의 마지막 한 주 동안 마리아, 마르다, 나사로의 집에서 매일 아침 나와서 사역을 하고 해질 무렵 다시 그곳으로 돌아가는 생활을 하지 않았나 싶다. 그 여정의 마지막에 예수님은 의도적으로 겟세마네 동산에서 머무르시다가 잡히셨다. 이러한 여러 가지 정황들로 볼 때 예수님이 그들의 집에 즐겨 가셨다는 사실은 분명하다. 예수님은 그 가족 한 사람 한 사람을 사랑하셨고 그들도 예수님을 사랑했다.

어느 날, 그 가족 중에 문제가 생겼고 예수님은 그 자리에 없었기 때문에 그들을 도와줄 수가 없었다. 예수님은 이전 며칠간 그곳에 머물고 계시다가 그들에게 어느 지역으로 간다고 말씀하시고는 떠나있는 상황이었다. 예수님이 계시지 않는 동안 나사로는 병이 들었고 그 증세가 심각하여 두 자매는 예수님을 부르러 사람을 보내기에 이르렀다. 그 소식을 전하려고 달려간 사람은 예수님께 말했다.

주여 보시옵소서. 사랑하시는 자가 병들었나이다(요 11:3).

비탄의 순간에 가장 먼저 예수님께 나아가야 함을 깨달은 그리스도인들은 참으로 행복한 이들이다. 그러나 불행하게도 그리스도인들은 자주 다른 것들을 향해 돌아선다. 그리고는 하나님의 자녀로서 진정으로 소유하고 누릴 수 있는 위로를 놓친다. 어떤 이들은 자기 자신에게로 향한다. 죽음이나 고통 혹은 좌절과 같은 것들이 그들의 삶에 발생하면 그들은 한탄과 고민이라는 자신만의 은밀한 껍데기 속으로 자신을 밀어 넣다. 그 결과 승리와는 거리가 멀어진다. 또 어떤 이들은 다른 사람들에게로 향한다.

누군가가 힘들어 할 때 주변 사람들이 어느 정도는 도움을 줄 수 있다. 그리고 주변 사람들이 해주는 위로는 정말 소중한다. 하나님께서 남자와 여자를 상호의존적으로 만드셨다. 그러므로 우리는 다른 이들에게 기댈 필요가 있고 다른 이들로부터 배울 필요가 있다. 이것이 바로 하나님께서 성도들을 한 교회에 모아두시고 함께 감당할 사명을 주시는 이유 중 하나이다. 하지만 사람이 주는 도움에는 한계가 있다. 특히 비탄의 시간을 지나가는 동안에는 더욱 그렇다.

이런 측면에서 사람은 우리를 항상 좌절시킨다. 영적으로 성숙하고 주님과 오랫동안 동행해 온, 그래서 그분을 알고 그 자녀들을 향한 그분의 마음을 진정 아는 그리스도인이라면 좌절의 시간에 예수님께로 돌아올 것이다. 그리고 그 안에서 친구 없는 이에게 진정한 친구가 되어주시고 아버지가 없는 자에게 아버지가 되어주시는 분을 발견하게 될 것이다. 그분이 바로 이 말씀을 하신 분임을 기억하시기 바란다.

> 수고하고 무거운 짐 진 자들아 다 내게로 오라 내가 너희를 쉬게 하리라(마 11:28).

2. 주님의 지체(遲滯)

그렇다. 마리아와 마르다는 예수님을 모시러 사람을 보냈고 그분이 오시길 기다렸다. 그들이 기다리는 동안 나사로의 상태는 더욱 악화되어 갔다. 기대는 열망으로, 열망은 불안으로, 그 불안은 그들의 가족 나사로가 숨을 거두는 순간 좌절로 바뀌었다. 그들이 가진 소망의 근원은 곁에 있지 않았다. 주님이 나사로의 병에 대한 소식을 들으셨고 차분히 반응하시며 그 질병이 그를 영원한 죽음으로 인도할 병이 아니라 하나님의 능력을 나타낼 하나의 사건임을 미리 말씀하셨다는 사실을 그들은 알지 못했다. 단지 주님이 오시는 시간을 지체하셨다는 사실만 알았다.

요한은 예수님이 나사로의 질병에 대한 소식을 들은 후 주님이 계시던 곳에서 이틀을 더 머무셨다고 말한다. 많은 이들이 성경의 이 장면에 대해 오해를 한다. 이 본문을 근거로 많은 이들이 다음과 같은 해석을 내어놓았다. 단순히 병에 걸린 사람이 낫는 것보다 죽은 자가 부활하는 것이 더 대단한 기적이라 여기시고 나사로가 죽도록 하기위해 예수님이 요단 골짜기에서 베다니로 돌아오시기를 지체하셨다고 말이다. 그러나 실제로 일어난 사건의 경과는 이와 같지 않다. 예수님이 이틀을 지체하신 후 베다니에 돌아오셨을 때 나사로가 죽은 지 나흘이 되었다는 사실을 전해 들으셨다. 이것은 그의 병에 대한 소식이 예수님께 처음 당도했을 즈음에 나사로가 죽었을 것이라고 가정할 때만 가능한 이야기이다. 즉, 예수님은 나사로의 죽음을 처음부터 아셨고 기존 사람들의 생각과 전혀 다른 목적으로 그의 일정을 지체하셨다는 말이다.

이것이 사실이라면 우리는 다시 한 번 질문해보아야 한다. 그러면 왜 예수님은 베다니로 빨리 돌아오지 않으셨는가? 나사로의 죽음에 대한 의심의 여지를 없애기 위해, 주님의 기적에 대한 의심의 여지를 없애기 위해 지체하셨다는 것이 바로 정답이다. 또한 예수님은 위대한 하나님의 영광의 계시를 나타내시기 위해 마리아와 마르다의 슬픔을 허용하셨다. 주님은 바로 자신이 의도한 때에 직접 그 슬픔을 끝내시고 기쁨을 가져올 것이라는 것을 이미 알고 계셨다.

이러한 해석은 이 이야기의 제2의 적용점을 알려준다. 주님과 언제나 함께 살아가는 그리스도인이라 하더라도 삶에 슬픔이 없다고 말할 수는 없다는 점이다. 그리스도인도 사랑하는 이들을 잃는다. 그리스도인도 질병 가운데 살아간다. 그리스도인도 거절과 핍박의 고통 속에 있다. 그리스도인도 사랑하는 친구와 가족을 잃는 상처가 있다. 그러나 그리스도인에게 중요한 것은 슬픔을 겪지 않는 것이 아니라 하나님이 그 슬픔을 아시고 바꾸시며 슬픔이 아무 이유 없이 그리스도인에게 다가오도록 허용하시지 않는다는 사실이다. 하나님은 마음이 변덕스러운 분이 아니다. 그는 연약하거나 무능하지 않다. 하나님은 항상 지혜롭게 행하신다. 그렇기 때문에 당신에게 어떤 고통이 닥칠 때 하나님이 그 고통을 통한 목적이 있으시고 언젠가는 그분의 영광을 드러내는 방법으로 그 고통을 끝내실 것이라는 것을 확신할 수 있다.

3. 믿음의 대조

예수님이 베다니로 돌아오시는 것으로 이야기는 계속 전개가 된다. 당시 유대 지도자들은 예수님을 죽이려고 마음을 먹은 상태였고 예수님도 자신이 그곳에 계심을 알리고 싶지 않으셨기 때문에 성읍으로 바로 들어가시지 않았고, 대신 성 밖에서 기다리셨다. 예수님이 기다리시는 동안 마르다는 예수님이 오셨다는 소식을 듣고 그 분을 만나러 나갔다. 마리아는 집에서 기다리고 있었다.

우리는 마르다와 마리아의 모습에서 믿음의 두 가지 유형이 대조되고 있음을 확인할 수 있다 마르다가 예수님께 나아왔을 때 그녀의 언어에는 신뢰와 의심이 모두 담겨있었다.

> 주께서 여기 계셨더라면 내 오라버니가 죽지 아니하였겠나이다. 그러나 나는 이제라도 주께서 무엇이든지 하나님께 구하시는 것을 하나님이 주실 줄을 아나이다(요 11:21-22).

그리고 이어 그 오라비에 관해 이렇게 말한다.

> 마지막 날 부활 때에는 다시 살아날 줄을 내가 아나이다(요 11:24).

마르다는 예수님이 무엇이든지 하나님께 구하시는 것을 하나님이 주실 줄 안다고 말했다. 그러나 그녀는 예수님을 시간과 장소라는 틀로 제한했다. 그녀는 이렇게 말한 것이다. "주께서 **여기** 계셨더라면 내 오라버니가 죽지 아니하였겠나이다." 그리고 이렇게 이어 말한다. "**마지막 날** 부활 때에는 다시 살아날 줄을 내가 아나이다."

마르다는 이 시대의 많은 사람들처럼 뛰어난 지적 신자였다고 할 수 있다. 그녀는 강한 성격을 지녔다. 그녀의 생각은 비판적이었다. 합리적인 것을 믿었고 직접 느끼는 것 이상은 표현하지 않았다. 이러한 대부분의 것은 좋은 것이다. 그리스도인 신앙은 합리적이다. 우리의 지적 동의를 요구한다. 그러나 단순한 지적 동의는 약점을 포함하고 있다. 왜냐하면, 만약 보이는 것이 우리 신앙의 전부라고 한다면, 우리 신앙은 시각 안에 제한되고 마는 것이고 우리 이해를 뛰어넘는 위기 앞에서는 아무런 힘도 발휘할 수 없기 때문이다. 이러한 신앙은 항상 일정부분 의심과 섞여있다.

다음으로 마리아가 있다. 그녀의 신앙은 이성적인 부분이 없지 않다. 그녀는 예수님으로부터 배웠다. 그러나 그녀의 신앙은 무언가를 더 포함하고 있다. 마리아는 예수님께 다가와 마르다가 말했던 것과 똑같이 말한다.

> 주께서 여기 계셨더라면 내 오라버니가 죽지 아니하였겠나이다 (요 11:32).

그러나 여기 마리아가 울먹이며 하는 말은 마르다의 그것과는 약간 다르다는 사실을 실제 모든 독자들이 즉각 눈치 챌 수 있다. 마르다는 예수님과 논쟁을 벌였다. 마리아는 주님의 발 앞에 엎드렸다. 그녀의 말은 완전한 신뢰와 확신의 맥락 가운데 터져 나온 것이었다. 그곳은 마리아가 가장 좋아하는 위치였다. 마르다가 음식을 준비하는 동안에도 그녀는 주님 발 앞에 앉아있었다. 요한복음 13장에서도 그녀가 다시 한 번 주님 발 앞 있는 것을 보게 된다.

마리아는 예수님이 십자가에서 돌아가실 것을 이해했던 사람이었다. 13장에서 그녀는 그분의 발에 향유를 부었다. 그리고 예수님이 매장되실 날과 관련하여 이일을 하였음을 예수님이 직접 말씀해주셨다. 마리아는 말씀을 들었다. 그녀는 말씀을 배웠다. 그러나 단순한 지적 지식의 수준을 넘어서 예수님을 친밀히 알고 사랑했다. 그 사랑과 이해로부터 예수님은 모든 것이 가능하다는 직관적인 깨달음이 나온 것이다.

4. 부활

이러한 배경 속에서 예수님은 두 여인에게 당신이 부활이요 생명이라는 사실을 가르치셨다. 바로 요한복음 11장 25절에서 말씀하신 구절이다. 이 구절은 두 가지 생각을 담고 있다. 첫째, 예수님 안에서 부활은 현재 일어나는 사실이다. 바로 예수님이 생명 그 자체이시기 때문이다. 마르다는 마지막 때에 있을 육신의 부활을 떠올렸다. 예수님은 진정한 삶과 죽음 간의 차이를 결정짓는 진정한 부활은 한 개인이 예수님과 얼굴을 마주하게 되는 순간 일어나는 부활이라고 가르치셨다. 예수님이 바로 그 부활이신다.

만약 당신이 예수 그리스도를 믿는 자라면 당신의 삶에서 이미 부활을 경험하고 있는 것이다. 당신은 허물과 죄 가운데 죽은 자였다. 그런 당신이 그리스도를 만나는 가운데 하나님께서 그분의 능력으로 당신에게 새 생명을 주셨다. 이것이 바로 "나를 믿는 자는 죽어도 살겠고 무릇 살아서 나를 믿는 자는 영원히 죽지 아니하리니 이것을 네가 믿느냐"(요 11:25-26)라고 예수님이 하신 말씀의 참 의미이다. 예수님을 믿는 믿음은 영적 부활, 혹은 성경의 다른 곳에서 거듭남이나 영생이라고 표현하는 그것을 현실화 한다.

위 구절이 말씀하고 있는 두 번째 위대한 가르침은 마지막 때의 부활 역시 사실이며 그 또한 예수 그리스도와의 관계에 달려있다는 것이다. 예수님께서 "무릇 살아서 나를 믿는 자는 영원히 죽지 아니하리라"(요 11:26)라고 말씀하셨다. 당신은 이 사실을 믿는가? 당신은 이 약속에 대한 확신이 있는가? 만약 그렇다면 예수님이 당신의 영혼을 구원하시고 이생에서 당신을 인도하시기 위해 이 땅에 오셨을 뿐 아니라 그분과 함께 영원히 살도록 새로운 부활의 육신을 주시기 위해, 구속받은 영과 혼과 육을 입고 마지막 부활의 완성에 참여하는 새로운 부활의 육신을 주시기 위해 이 땅에 오셨다는 사실로부터 큰 힘을 얻을 수 있다.

이 말씀의 이야기는 극적인 결론으로 이어진다. 이 이야기는 그리스도께서 약속하신 것을 한 예를 통해 미리 맛보는 것으로 끝맺다. 예수님이 무덤 앞에 다가오셨다. 사람들은 무슨 일이 일어나는지 보기 위해 그 주변에 서 있었다. 돌이 옆으로 옮겨졌다. 예수님의 입에서 권위 있는 명령이 나왔다.

> 나사로야, 나오너라(요 11:43).

그러자 나사로가 죽은 자를 싸는 베로 동여진 채로 나왔다. 그 주변에 선 사람들에게 두 번째 명령을 하셨다.

> 풀어 놓아 다니게 하라(요 11:44).

베옷은 풀려졌고 나사로는 다시 그의 가족들의 품으로 돌아갔다.

이 엄청난 장면이 보여주는 힘이 느껴지십니까? 이는 분명히 죽음도 이기는 그리스도의 능력을 나타내는 증거이다. 하지만 그 이상이다. 이 사건은 하나님이 예수 그리스도 안에서 우리에게 하신 일을 보여주는 하나의 그림이다. 예수님과 떨어져있을 때 우리는 우리의 죄 가운데 죽은 자들이다. 우리는 죽은 자들 속에 사는 죽은 자들이다. 그러나 죽음에서 생명으로 옮기는 그리스도의 음성이 우리를 부르신다. 우리는 그분의 음성을 듣는다. 영적인 죽음의 무덤에서 살고 있던 우리가 무덤 밖으로 나온다. 우리의 수의가 벗겨진다. 우리는 그분께 기쁨이 되는 일을 위해 보냄을 받다.

The Christ of the Empty Tomb

2 첫 번째 주일

The Christ of the Empty Tomb

3장

사흘 째 되는 날까지

　복음을 적대시하는 이들도 때로는 그리스도인들보다 복음을 더 잘 이해하는 경우가 있다. 당연히 그들은 믿지 않는다. 그러나 복음을 믿는 많은 그리스도인들이 복음에 대해 혼동하는 것에 반해 그들은 잘 이해한다.

　그 실례로 그리스도의 적대자들이 막 십자가 처형을 당한 그리스도의 무덤을 막고 셋째 날까지 군인들로 하여금 지키게 했다는 점을 들 수 있다. 흔히 유대 지도자들이 그리스도를 십자가에 못 박아 죽이는 일을 마치고 나서 만족스러워하며 일상생활로 돌아갔을 것이라고 생각하기 쉽다. 제자들은 뿔뿔이 흩어져 자기 집으로 돌아갔다.

　그러나 빈틈없는 주님의 적대자들은 달랐다. 그들은 그리스도의 가르침, 특히 죽음을 이기고 부활하실 것이라 약속하신 부분을 기억했다. 그래서 그에 적절하다고 여겨진 행동을 취했다.

> 그 이튿날은 준비일 다음 날이라 대제사장들과 바리새인들이 함께 빌라도에게 모여 이르되 주여 저 속이던 자가 살아 있을 때에 말하되 내가 사흘 후에 다시 살아나리라 한 것을 우리가 기억하노니 그러므로 명령하여 그 무덤을 사흘까지 굳게 지키게 하소서 그의 제자들이 와서 시체를 도둑질하여 가고 백성에게 말하되 그가 죽은 자 가운데서 살아났다 하면 후의 속임이 전보다 더 클까 하나이다 하니(마 27:62-64).

빌라도는 죽은 자를 지켜달라는 요청을 우습게 여겼을 것이다. 그러나 그는 그것을 허락했다.

> 빌라도가 이르되 너희에게 경비병이 있으니 가서 힘대로 굳게 지키라 하거늘 그들이 경비병과 함께 가서 돌을 인봉하고 무덤을 굳게 지키니라(마 27:65-66).

여기 "사흘"이란 단어는 이 짧은 말이 핵심어로 떠올랐던 유대 산헤드린 공회 앞에서 벌어진 예수님의 재판으로 우리를 데려간다.

그리스도의 재판에는 많은 불법들이 행해졌다. 밤에 이루어진 체포, 사적인 취조, 재판 시작 전 있어야 할 분명한 혐의의 부재, 대제사장의 개입과 변호인의 부재 등을 포함하여 재판 행위 절차 자체가 문제가 있었다. 그러나 흥미로운 점은 그 불법적 행위들을 자세히 들여다보면 그 형식에 있어서는 특정 부분 법적인 절차를 고수하려는 강한 내적 동기가 있었다는 것이다.

그 법적 절차 중 하나는 목격자 소집이었다. 마가는 이와 관련하여 이렇게 말했다.

> 이는 예수를 쳐서 거짓 증언 하는 자가 많으나 그 증언이 서로 일치하지 못함이라(막 14:56).

마태는 이렇게 기록했다.

> 대제사장들과 온 공회가 예수를 죽이려고 그를 칠 거짓 증거를 찾으매 거짓 증인이 많이 왔으나 얻지 못하더니(마 26:59-60).

분명한 것은 재판이 시작될 무렵 예수님에게 유죄를 선고할 수 있는 증언을 찾기 위한 움직임이 있었다는 점이다.

일은 그 후에 발생한다. 결국 두 사람이 나타나 어떤 증거를 제공하면서 재판이 단번에 새로운 국면으로 접어들게 되었다는 사실을 말씀이 증언한다. 마태복음에 의하면 두 사람이 나아와, "이 사람의 말이 내가 하나님의 성전을 헐고 사흘 동안에 지을 수 있다 하더라"(마 26:61)라고 말했다고 기록한다. 마가는 다른 사람들이 일어나 이렇게 증언했다고 말한다.

> 우리가 그의 말을 들으니 손으로 지은 이 성전을 내가 헐고 손으로 짓지 아니한 다른 성전을 사흘 동안에 지으리라 하더라 (막 14:58).

이와 같은 고발은 분명 굉장히 중요한 것이었다. 첫째로 그 증언은 명백한 사실이었다. 적어도 그 증언에는 진실의 요소가 담겨져 있었다. 본질적으로 같은 증언을 한 목격자가 둘이 있었다는 사실 자체가 그 증언의 진실성을 나타낸다. 또 한편으로 "사흘 동안에" 혹은 "사흘 째 되는 날에"라는 구문이 복음서에서 자주 반복된다는 사실 역시 그 증언의 진실성을 보여주는 또 다른 증거이다. 예수님은 분명 이러한 주장을 한 번 이상 하셨다. 사실 그분의 공적 가르침과 재판의 모든 세세한 부분들 가운데 가장 자주 반복되는 것이 바로 이와 같은 주장이었다. "사흘 째 되는 날"(the third day)이라는 단어는 마태복음, 마가복음, 누가복음에서 12번 등장하고 신약의 나머지 부분에서 두 배 가량 더 많이 등장한다. "사흘"(three days)이라는 단어는 복음서에서 10번 등장한다.

게다가 한 복음서의 기록이 다른 하나 혹은 여러 복음서를 통해 의도하지 않게, 그래서 특별히 더 놀랍게 입증이 되는 경우들이 있는데 그 중 하나로서, 요한복음은 위 증언의 문장이 예수님의 입을 통해 처음으로 말씀되었던 실제 상황을 기록하고 있다. 요한은 예수님이 첫 번째 성전을 정결케 하셨을 때 그가 표적을 요구하는 사람들을 향해 "너희가 이 성전을 헐라 내가 사흘 동안에 일으키리라"(요 2:19)라고 말씀하셨다고 기록한다. 그리고 요한은 이에 대해 "그러나 예수는 성전된 자기 육체를 가리켜 말씀하신 것이라"(요 2:21)라고 설명을 덧붙인다. 비록 우리의 기대와는 달리 요한이 예수님의 재판 사건을 기록할 때 이 부분을 언급하지는 않았지만 그럼에도 불구하고 다른 복음서들이 증거 하는 상황과 정확히 들어맞는 이야기를 서술하고 있음을 볼 수 있다. 그리스도의 말씀은 예루살렘 성전 뜰에서 공적으로 울려 퍼졌고 따라서 훗날 예수님의 재판 당시 성전 주변을 서성이다가 서기관과 제사장들을 돕게 되는 증인들의 귀에도 들렸을 것이다.

세 복음서에 등장하는 위 세 가지 형태의 예수님의 말씀은 그 세부적인 부분에 있어서 약간의 차이를 보인다. 아마도 이 부분이 재판장의 증언이 유효하지 않은 것이라 선언된 이유일 것이다(참고. 막 14:59). 그러나 서로 간에 작은 차이가 있음에도 불구하고 이 증언에는 증언이라 할 만한 핵심적인 무언가가 있었다.

예수님의 재판에서 위와 같은 고발이 제사장의 눈에 중요하게 여겨진 두 번째 이유는 그 기소하는 내용이 매우 심각한 것이었기 때문이다. 말하자면, 만약 입증되기만 한다면, 무조건 사형을 언도하여야 할 만한 고발이었다. 그 고발의 내용은 어떤 마법과도 같이 여겨졌을 수 있다. 왜냐하면 우리가 흔히 말하는 "흑마술"이 아니고서는 그 누구도 성전을 무너뜨린 다음에 사흘 만에 다시 지을 수 없을 테니 말이다. 아니면 그 내용은 신성모독으로 여겨졌을 수도 있다. 이스라엘에서 가장 거룩한 장소인 성전을 그렇게 말했다니 말이다. 이러한 마법이나 신성모독에 마땅한 벌은 죽음밖에 없었다.

그런데 내가 이 기소에 관해 깊이 생각해보는 가운데, 아마도 이 외에 더 큰 쟁점이 있을 것이라고 제안한 프랭크 모리슨(Frank Morison)이 옳다고 느낄 수밖에 없었다. 바로 한 가지, 사람들이 예수님의 말이라고 하는 증언이 서로 일치하지 않음에도 불구하고 "사흘 동안에"라는 매우 흔치 않은 구문이 그 모든 버전에 등장한다는 점 대문에 그렇다. 더 나아가 이 구문이 사용된 몇몇 다른 상황에서는 예수님께서 죽임을 당하신 후 사흘 후에 그의 육신이 부활하실 것을 예언하셨다는 사실이 매우 분명하게 나타난다.

당시 대제사장들이 이러한 예언에 대해 전혀 모르고 있었다고 생각해야 하는가?

가야바와 같이 빈틈없는 사람이 예수님의 불가사의한 말씀이 무엇을 암시하는지 모르고 있었다고 생각해야 하는가?

예수님을 법적으로 처벌할만한 손에 잡히는 충분한 증거가 그들에게 없었을 수는 있지만, 그럼에도 예수님이 주장하는 바가 무엇이지 그들이 분명히 이해하고 있었다는 점에는 의심할 여지가 없다. 예수님이 사실상 이와 같이 말씀하셨음을 그들은 알았다.

> 당신은 나를 죽일 것이다. 그러나 나는 사흘 째 되는 날 죽음으로부터 부활함으로써 나의 신적 속성과 권위를 증명할 것이다.

모리슨은 자신의 입장에 대해 신중하게 발전시킨 후에 다음과 같이 썼다.

> 이 결론적인 논리로부터 벗어날 길이 없다고 본다. 우리는 당시 사람들이 그를 오해했다고 생각할 수 있다. 예수님이 주기적으로 나타나는 이상한 심적 강박증에 사로잡혀 공적인 발언을 했을 것이란 오해를 당시 사람들이 가지고 있었다고 생각할 수 있다. 그러나 이처럼 이례적이고 거의 믿기 불가능한 예언을 예수님이 지속적으로 말씀했다는 그 자체가 그 말씀의 의미에 대한 모든 오해의 소지를 벗어나게 한 것으로 여겨진다.1

대제사장들이 예수님의 예언을 바로 이해하고 있었다는 사실은 나중에 그들이 예수님의 무덤을 지키라고 명령했다는 점만 보아도 증명이 된다.

1. 예수님에 대한 두려움

유대 지도자들이 예수님의 무덤을 지키도록 한 사건은 우리의 관심을 두 번째 항목으로 인도한다. 즉, 그들이 예

---

1 Frank Morison, *Who Moved the Stone?* (Downers Grove, Ill.: InterVarsity, 1969), 24. 초판은 1930년 발행.

수님이 말씀하신 바를 이해했을 뿐만 아니라 그분을 두려워했다는 것이다. 그들은 아마 실제 부활 자체가 두렵다고 말하지는 않았을 것이다(죽은 사람은 보통 살아나지 않는다). 그러나 분명히 어떤 일상적이지 않은 해로운 무언가가 일어날 것을 두려워했다. 그들은 실제로 이렇게 말했다.

> 명령하여 그 무덤을 사흘까지 굳게 지키게 하소서 그의 제자들이 와서 시체를 도둑질하여 가고 백성에게 말하되 그가 죽은 자 가운데서 살아났다 하면 후의 속임이 전보다 더 클까 하나이다 (마 27:64).

그들이 두려워한 것이 정녕 자기 스승이 체포되고 재판받고 못 박히는 동안 옆에 가만히 서 있는 것도 무서워 흩어진 한 무리의 별 볼일 없고 연약한 제자들이었나? 아니면 예수님 그분이었는가?

나는 그 지도자들이 유다를 이용해 예수님을 체포한 것을 보면서 그들이 정말 그 스승을 두려워했다고 생각한다. 만약 그분을 두려워하지 않았다면 유다가 왜 꼭 필요했을까? 일반적으로 유다의 역할에 대해 두 가지 설명이 있다. 하나는 그리스도께서 숨어있었던 장소로 체포하려는 무리들을 인도하기 위해 유다가 필요했다는 설명이고, 그게 아니라면 다른 하나는 당시 종교 지도자들이 사람들을 두려워하여 그분을 비밀리에 체포하기 위해 유다가 필요했다는 설명이다. 하지만 유다의 역할은 어느 하나가 분명한 정답이라고 가정하기가 쉽지 않다. 프랭크 모리슨이 주장하듯, "유다를 단순히 보수를 받고 일하는 일반적인 밀고자처럼 생각하여 지금까지 친구이자 스승으로 지내던 분의 비밀 은신처로 종교 지도자들을 안내하는 사람 정도로 가정하는 것은 터무니없는 생각이다."[2] 왜냐하면 예수님은 숨어있지 않았기 때문이다. 사실 더 이상 드러나 있기 힘들 정도로 그 행적은 모두에게 드러나 있었다. 때가 완전히 오지 않았음을 아시고(요 11:54), 예루살렘 인근에서 몸을 숨기신 적이 있긴 한다. 하지만 십자가 죽음이 있기 바로 전 금요일 여리고에서 베다니에 오신 이후로는 자신의 행적을 숨기고자 하신 적이 한 번도 없었던 것으로 보인다. 그 날 벌어진 죽은 나사로를 살리신 일 역시 드러내놓고 행하셨다. 그 다음 날인 토요일에는 많은 이들이 그분을 뵙기 위해 찾아왔고 또 나사로와도 이야기를 나누셨다. 일요일, 그분과 함께 있

---

2 Frank Morison, *Who Moved the Stone?*, 30.

었던 사람들을 비롯하여 그분을 맞이하기 위해 예루살렘에서 나온 사람들이 "호산나! 찬송하리로다! 주의 이름으로 오시는 이 곧 이스라엘의 왕이시여"(요 12:13)라고 외치는 가운데 예수님은 장엄한 모습으로 예루살렘에 입성하셨다. 월, 화, 수요일 그는 공공연히 여러 곳을 다니셨다.

이와 같은 상황에서 유대 지도자들이 예수님이 어디에 계신지 알려줄 사람이 필요해서 심지어 돈까지 지불해가면서 유다를 포섭했다는 것이 어떻게 말이 되는가? 만약 그들이 예수님을 체포하는 데에 어떠한 장애도 느끼지 못했다면 아마 거의 완전히 무방비 상태로 예루살렘에 입성하는 예수님을 그냥 체포할 수도 있었을 것이다. 아니면 간단히 베다니에 사람을 보내어 체포할 수도 있었을 것이다.

이쯤에서 유다의 역할에 대한 또 다른 설명을 소개하고자 한다. 말하자면 주변 사람들에 대해 두려워했던 유대 지도자들이 비밀리에 그리스도를 체포할 수 있도록 유다가 도왔다는 것이다. 하지만 이 설명은 기껏해야 절반의 진실이다. 의심의 여지없이 대제사장들과 바리새인 측에서는 민중들이 어떻게 반응할지에 대한 실질적인 두려움이 있었다. 소동이 일어나 로마 군대의 개입을 야기한다면 자신들에게 비참한 결과를 가져올 수도 있다는 두려움이 있었다. 한층 더 큰 두려움은 예루살렘의 군중들이 정말 예수님을 믿어버리면 어쩌나하는 두려움이었다. 앞서 종교 지도자들은 공회를 열고 이렇게 말한 적이 있다.

> 이 사람이 많은 표적을 행하니 우리가 어떻게 하겠느냐? 만일 그를 이대로 두면 모든 사람이 그를 믿을 것이요 그리고 로마인들이 와서 우리 땅과 민족을 빼앗아 가리라(요 11:47-48).

이러한 판단 끝에 예수님을 죽여야겠다는 결정이 나온 것이다. 그러나 이 지도자들이 예수님을 비밀리에 잡을 기회가 있었던 것도 분명한 사실이다. 이른 아침이나 늦은 저녁 베다니에서, 혹은 베다니와 예루살렘 간 노상에서, 혹은 수도 예루살렘의 조용한 한 구석에서, 심지어 예수님이 머무셨던 다락방에서도 예수님을 비밀리에 잡을 수 있는 기회가 있었다. 그들이 그렇게 하지 않은 대신 유다에 의존하여 체포에 필요한 정보를 얻었다는 사실은 다른 사안들이 끼어있었다는 것을 의미한다.

그렇다면 이런 헷갈리는 요소들을 잘 설명해주는 상황이 바로 이런 것 아니겠는가? 그들이 진정 두려워했던 것이 바로 예수님 아닌가 하는 것이다. 한 번은 아마도 성전 보초병들로 생각되는 이들 중 일부를 파견하여 대제사장들이 예수님을 잡으려고 했다. 임무를 마치지 못하고 돌아온 그들에게 "어찌하여 잡아오지 아니하였느냐?"라고 묻자 그들은 놀랍게도 이렇게 대답했다.

> 그 사람이 말하는 것처럼 말한 사람은 이 때 까지 없었나이다 (요 7:46).

이 후 또 다른 시도가 있었다. 이번에는 예수님을 돌로 치려고 했다. 그러나 우리는 "예수님께서 숨어 성전에서 나가셨다"는 사실을 발견하게 된다(요 8:59). 세 번째로 "그들이 다시 예수님을 잡고자 하였으나 그 손에서 벗어나 나가시니라" 라는 기록을 우리는 볼 수 있다(요 10:39).

예수님을 잡으려는 시도가 번번이 무산되는 것을 보면서 그들은 무슨 생각을 했을까? 아마 겉으로도 그리고 심지어 자신에게도 그들의 가장 깊은 곳에 있는 근본적인 두려움이 있음을 표현하지는 않았을 것이다. 그러나 분명 그리스도의 분명한 능력과 그들의 계속되는 실패를 보며 두려워하고 있었을 것이다. 그가 정녕 잡을 수 없는 존재란 말인가 하는 최종 결론이 머릿속에 스치면서 말이다. 잡을 수 없는 존재! 만약 이것이 사실이라면 유월절 주간 처음 며칠 동안 겪은 실패와 거의 실패로 돌아가기 직전인 그들의 마지막 급작스런 결정과 (예수님의 위치에 대한 정보를 가져오도록 하기 위함이 아니라 그분의 의도와 스스로 체포되기로 결정하신 때에 대한 정보를 가져오도록 하기 위해) 유다를 포섭한 일까지 모든 것이 설명이 된다. 유다는 아마 이렇게 말했을 것이다. "내 생각에는 그의 마음 속에 항복하려는 의도가 있다. 죽음에 대해 계속 이야기하고 있다. 당신들이 빨리 움직이면 그가 당신들과 함께 갈 수도 있다. 서두르라. 그에게 데려다 주겠다." 그 정보를 바탕으로 지도자들은 그리스도의 재판을 급작스럽게 열었다.

이러한 정황들은 종교 지도자들이 예수님을 두려워했다는 사실을 우리에게 보여준다. 따라서 언젠가부터 이미 그들의 행동을 좌우했던 두려움이 지금도 여전히 그들을 사로잡고 있다는 사실이 그렇게 놀랍지만은 않다. 그들은 불안해했고, 그들의 불안은 계속되었다. 그들은 예수님이 죽은 후에라도 그분의 혐의가 벗겨지고 그들에게 큰 손해와 비난이 돌아오도록 하는 무언가가 발생할까봐 두려워했다.

2. 부활의 날

결국 그들이 두려워하던 일이 기어코 일어나고야 말았다! 그들은 보초병을 동원했다. 그들은 무덤을 굳게 막았다. 그러나 예수님은 그렇게 묶여계실 분이 아니었다. 그렇게 주님은 예언되었던 사흘간의 죽음의 잠을 마치시고, 무덤의 봉인을 부수시고 경비병들을 흩으시고 승리로 일어나셨다.

> 헛되이 지키네 예수 내 구주
> 헛되이 봉하네 예수 내 주
> 원수를 다 이기고
> 무덤에서 살아나셨네
> 어두움을 이기시고 나와서 성도 함께 길이 다스리시네
> 사셨네 사셨네 예수 다시 사셨네

더 나아가 예수님은 그날을 오게 하셨다. 유대 지도자들이 그토록 두려워하고 오지 못하도록 막고자 했던 바로 그날, 단지 일상적인 또 다른 날이 아닌 그리스도인의 새날, 그리스도인의 예배와 여러 활동과 기쁨의 축제가 벌어지는

새날을 오게 하셨다.

예수님의 부활을 기점으로 신앙적으로 중요한 신약의 모든 사건들이 한 주 첫 번째 날인 주일에 일어났다는 점을 눈 여겨 보신 적이 있는가? 루이스 스페리 췌이퍼(Lewis Sperry Chafer)는 그가 쓴 책 그레이스(Grace)에서 이 점을 강조했다.[3] 다음 열한 가지 사건이 바로 주일에 일어난 사건들이다.

1. 첫 번째이자 가장 중요한 사실은 일주일 중 첫째 날 예수님이 죽음에서 살아나셨다는 사실이다. 이 사실은 모든 복음서 안에서 언급되고 있고 신약의 이어지는 부분에서도 계속해서 언급되고 있다.

2. 일주일 중 첫째 날 주 예수님은 부활 후 처음으로 천국에 오르셨다. 우리는 요한복음 20:17에서 마리아에게 말씀하시는 예수님에 대한 기록을 발견한다. 예수님은, "나를 붙들지 말라 내가 아직 아버지께로 올라가지 아니하였노라 너는 내 형제들에게 가서 이르되 내가 내 아버지 곧 너희 아버지, 내 하나님 곧 너희 하나님께로 올라간다 하라 하시

---

3 Lewis Sperry Chafer, *Grace* (Chicago: The Bible Institute Colportage Association, 1939), 272-76.

니"라고 하셨다. 예수님은 부활의 아침부터 완전히 승천하시는 날까지 40일 동안 돌과 나무 뒤에 몸을 숨기며 시골 길을 배회하다가 복음서에서 제자들에게 나타나셨다고 기록된 부분에서만 갑자기 몇 차례 나타나시는 방식으로 시간을 보내시지 않았다. 이 시기에 예수님은 이 땅과 천국을 자유롭게 이동하셨다.[4]

3. 일주일 중 첫째 날 예수님은 다락방에 모여 있는 제자들에게 처음으로 나타나셨고 그곳에서 그들에게 평강을 주셨다. 평강은 사도 바울이 로마서 5장에서 말하는 칭의로 인한 세 가지 엄청난 결과 가운데 하나이다. 바울은 평강과 하나님께 나아갈 수 있게 된 것과 기쁨에 대해 말씀한다. 그리스도께서는 이 세 가지 선물을 제자들에게 주셨다. 이전에 그들은 평강 가운데 거하지 못했다. 하나님의 임재를 몰랐다. 그들이 분명 기뻐하고 있지 못했음을 그들이 유대인들이 두려워 한 곳에 아무도 모르게 모여 있었다는 사실을 통해 보게 된다. 예수님은 그들 가운데 함께 거하심으로 그들 각각의 마음 상태를 변화시키셨다.

---

[4] 여기서 저자는 요한복음의 본문에 있는 "하나님께로 올라간다"의 헬라어 동사가 현재시제임인 것과 눅 24:51; 행 1:9-11을 최종 승천으로 보고 그 이전에는 이 땅과 천국을 자유롭게 이동한 것으로 해석하는 듯 하다 - 역주

4. 일주일 중 첫째 날 예수님은 제자들과 처음으로 떡을 떼셨다. 이 일은 두 번 있었다. 한 번은 엠마오로 향하는 제자들을 주님께서 따라가 동행하실 때 있었고 또 한 번은 그 첫 번째 주일이 저물어 가는 무렵 모든 제자들이 모여 있는 다락방에서 있었다. 이 두 번이 부활 후 첫 번째로 성만찬을 지킨 기록이다.

5. 일주일 중 첫째 날 예수님은 제자들이 모든 성경이 주님에 대해 가르치고 있음을 알도록 이해의 눈을 열어주셨다(눅 24:45-47).

6. 일주일 중 첫째 날 예수님은 제자들에게 세계복음화의 일을 명하셨다. 요한복음 20:21에서 이렇게 말씀하신다. "아버지께서 나를 보내신 것 같이 나도 너희를 보내노라." 또한 누가복음 24:48에서는 주님이 이렇게 말씀하셨다. "너희는 이 모든 일의 증인이라."

7. 일주일 중 첫째 날 예수님은 제자들에게 숨을 내쉬시며 성령을 주셨다(요 20:22).

8. 일주일 중 첫째 날 부활 사건이 있은 지 7주 후인 오순절날, 하늘로부터 성령님이 임하셨고 기독교회 시대를 위한 성령님의 사역이 시작되었다.

9. 일주일 중 첫째 날 성령께서 바울을 인도하셔서서 믿는 자들을 모아 그들에게 설교하도록 하셨다. 이 이야기는 사도행전 20장에 나와 있다. 이 장은 바울이 드로아에서 선교 사역을 감당하던 그의 삶의 한 부분을 다루고 있다.

10. 바울은 일주일 중 첫째 날을 믿는 자들이 "각 사람의 수입에 따라 (헌금을) 모아" 두는 날로 정했다(고전 16:2). 이 날은 헌금이 모여 하나님의 사역에 드려지는 날이었다.

11. 마지막으로, 일주일 중 첫째 날 주 예수 그리스도께서 밧모 섬에 있는 사도 요한에게 나타나셨고 그분의 하늘 영광의 임재 가운데 당신의 계시를 나타내셨다. 또한 바로 이 계시가 미래를 향한, 그리고 교회 시대를 향한, 그리고 주님의 재림과 함께 다가올 시대를 향한 그분의 계획의 밑그림을 보여주었다.

위에 있는 열한 가지 사건들의 목록은 부활의 날이 교회에 있어서 얼마나 중요한 날인지를 보여준다. 우리 주님 부활의 날이 얼마나 중요했는지 현재 우리가 따르고 있는 기독교 의식의 패턴을 만들었다. 우리가 일요일에 행하는 모든 것이 바로 위에 언급한 사건에 기초하고 있다. 즉, 우리가 함께 모이는 것, 말씀을 읽고 해석하는 것, 설교를 하고 말씀을 가르치는 것, 헌금을 모으는 것, 성찬식을 행하는 것, 그리고 무엇보다 우리를 위해 죽으시고 부활하신 주님을 기억하고 예배하는 것, 이 모든 것이 위 사건들에 그 바탕을 두고 있다는 것이다. 우리는 이와 같은 것들을 우발적으로 혹은 그 때 그 때 즉흥적으로 행하지 않는다. 이는 하나님이 주신 패턴이다. 우리는 하나님께서 우리 주님의 승리를 통해 우리에게 행하신 일을 감사하며 이 패턴을 따를 뿐이다.

4장

힘대로 굳게 지키라

 일반적으로 성경은 재미를 주는 책이 아니다. 성경이 다루는 주제들은 너무 무겁다. 그러나 성경은 정직한 책이기 때문에 인생에 벌어지는 사건 그 자체가 재미있는 상황이면 그 상황을 정직하게 반영하여 그에 맞는 익살스런 느낌으로 그것을 전달한다.

 부활 이전 예수 그리스도의 죽음과 매장에 관한 마태의 기록을 보면 그와 같은 상황이 등장한다. 이스라엘 지도자였던 대제사장과 바리세인들은 예수님을 수개월 동안 스토킹 하듯 집요하게 따라다녔고 결국 그분을 로마 총독 빌라도의 손을 빌어 사형시키는 데까지 이르렀다. 예수님은 유월절 하루 전 죽임을 당했고 이내 매장되었다. 다른 이야기 같았으면 매장하는 장면은 무조건 이야기의 끝이 되었어야 한다. 그러나 당시 지도자들은 예수님이 자신의 부활에 대해 예언하셨다는 사실을 기억하였고 그래서 빌라도에게 가

서 예수님의 무덤을 굳게 지켜달라고 요청했다. 그들이 말하길,

> (그렇게 하지 않으면) 그의 제자들이 와서 시체를 도둑질하여 가고 백성에게 말하되 그가 죽은 자 가운데서 살아났다 하면 후의 속임이 전보다 더 클까 하나이다(마 27:64).

빌라도가 대답했다. 분명히 농담조로 말했을 것이다.

> 너희에게 경비병이 있으니 가서 힘대로 굳게 지키라 (마 27:65).

그 말에 그들은 무덤을 돌로 인봉하고 경비병을 세워 무덤을 굳게 지켰다(마 27:62-66).

빌라도가 지도자들에게 "가서 무덤을 힘대로 굳게 지켜라"(마 27:65)라고 말할 때 무슨 생각을 했을까? 과거 위대한 성경 강해자 중 한 사람인 매튜 헨리가 제안하였듯이 빌라도가 했던 생각은 둘 중 하나일 것이다. 제사장들의 어리석음을 한껏 비웃고 있었거나 (한 번 상상해보라. 죽은 자를 지키기 위해 경비병을 세우다니!) 아니면, 더 그럴싸한 생각은, 그들의 두려움을 조롱하고 있었을 것이다. 마치 "멋대로들 해보시

오. 온갖 묘책과 힘을 있는 대로 써보시오. 그런데 만약 그가 정말 하나님으로부터 온 사람이면 당신들과 당신네 경비병들이 지키고 있다고 해도 부활 할 것이오"라고 말하기라도 하는 듯 말이다.[1]

19세기 유명한 침례교 설교자 찰스 해돈 스펄전(Charles Haddon Spurgeon) 역시 이것이 본문이 의미하는 바라고 생각했다. 스펄전은 거의 웃음이 터질 듯한 어투로 "직접 희생시킨 자의 부활을 막아보려고 빌라도가 해 줄 수 있는 것을 해주길 요구하며" 대제사장들이 빌라도에게 애원하는 장면을 묘사했다.[2]

1. 격렬한 지진

대제사장들과 바리새인들이 로마 총독에게 와서 그들의

---

[1] Matthew Henry, *Matthew Henry's Commentary on the Whole Bible*, vol. 5, Matthew to John (New York, London and Edinburgh: Revell Company, n.d.), 436.

[2] Charles Haddon Spurgeon, *The Gospel of the Kingdom: A Popular Exposition of the Gosel According to Matthew* (Pasadena, Tex.:Pilgrim Publications, 1974), 253.

요청에 대해 설명하며 이렇게 말했다.

> 그의 제자들이 와서 시체를 도둑질하여 가고 백성에게 말하되 그가 죽은 자 가운데서 살아났다 하면 후의 속임이 전보다 더 클까 하나이다(마 27:64).

그러나 우리가 앞장에서 보았듯이 이 점은 그들이 진정으로 두려워하던 것이 아니었다. 한 가지 분명한 것은 제자들은 두려워할 만한 대상이 아니었다. 이 점은 예수님이 겟세마네 동산에서 잡히시던 날 그 "용감하디 용감한 제자들"이 그들의 스승을 저버리고 감람산을 넘어 베다니로 도망쳐 버렸던 사건을 통해 증명이 된다. 분명히 베드로와 요한만은 십자가 처형을 눈으로 보기위해 예루살렘 성읍에 들어왔다. 그러나 둘 모두 예수님께 어떤 도움도 드리지 못했다. 베드로는 주님을 부인하기까지 했다. 만약 제사장들이 정말 제자들을 두려워했다면, 예수님을 체포하면서 제자들까지 함께 체포해버리거나, 아니면 적어도 예수님 체포 직후 모두 찾아서 잡아 가두는 것이 손쉬웠을 것이다. 그들이 그렇게 하지 않았다는 사실만 보아도 그들 마음속에 (옳은 판단으로) 제자들에 대한 두려움이 없었다는 사실을 알 수 있다.

그렇다면 그들은 무엇을 두려워했을까? 내 판단으로는, 그들이 정말 두려워했던 것은 부활이었다. 그들은 절대 무감각하지 않았다. 지난 3년간 예수님이 하신 놀라운 일들을 지켜보았다. 그분이 병자를 고치시고, 눈 먼 자를 보게 하시고, 나병환자를 낫게 하시고, 무기력한 자에게 힘을 회복시키시는 것을 그들은 보았다. 그리고 무엇보다 가장 위대한 기적으로서, 예수님은 잡히시기 불과 며칠 전 베다니의 나사로를 무덤에서 진짜 일으키셨다.

기적을 부인해도 아무 소용이 없었다. 처음에는 그 기적들을 부인하고자 했다. 그러나 그러기에는 너무 많은 기적들과 그 기적들을 납득할 수밖에 없도록 만드는 너무 많은 목격자들이 있었다. 시간이 흐르면서 그들은 기적을 사실로 인정했지만, 그러고 나서는 그 기적들이 마귀로부터 오는 것이라고 주장했다. 이 사람이, 바로 기적을 일으키는 이 사람이, 자신이 십자가 처형으로 죽은 지 사흘 만에 하나님이 죽음에서 일으키실 것이라고 주장했다. 그들이 두렵지 않았겠는가? 죽은 나사로를 살렸던 그 사람이 이제 스스로 죽음을 이기고 그들의 작은 종교세계를 영원히 산산조각 내버리지는 않을까 두렵지 않았겠는가?

그래서 그들은 최선을 다한 것이다. 첫 번째로 그들은 무덤 입구를 돌로 봉했다. 거기에 있는 권위는 얼마나 대단한지! 누가 감히 그 봉인을 깨고 그 정치적, 종교적으로 연합한 권세에 대항할 것인가? 두 번째로 경비병을 세워두었다. 그 경비병들은 겟세마네 동산에서 예수님을 체포했던 무리와 동일한 이들이었다. 즉, 자기 사람들이었고 유대인이었다. 분명 그 경비병들은 신뢰할 만했을 것이다.

경비병들이 세워졌다. 날짜가 흘러갔다. 아무 문제가 없어보였다.

그런데 갑자기 일이 일어났다.

> 큰 지진이 나며 주의 천사가 하늘로부터 내려와 돌을 굴려 내고 그 위에 앉았는데 그 형상이 번개 같고 그 옷은 눈 같이 희거늘 지키던 자들이 그를 무서워하여 떨며 죽은 사람과 같이 되었더라(마 28:2-4).

봉인이 해제되었다! 무덤은 비어있었다! 그리스도는 그곳에 계시지 않았다! 그분이 살아나셨다! 경비병들은 흩어졌다. 바리새인들과 제사장들의 통치는 무너졌다. 그리고 기독교가 하나님 나라를 향한 승리의 확장을 시작했다.

가서 힘대로 굳게 지키라(마 27:65).

하나님을 상대로 굳게 지킨다는 말인가? 삶을 뒤흔드는 부활의 능력을 어떻게 막는다는 말인가?

2. 눈부시도록 밝은 빛

그리스도의 부활이 있고 몇 년이 지나 한 우수한 젊은 랍비가 주목을 받았다. 그는 가말리엘 문하에서 공부를 하였고, 미움 받은 나사렛 사람을 죽이고 무덤을 지키는 데에 중요한 역할을 담당했던 바리새파 사람들 사이에서 위상이 높았다. 기독교는 예수님의 십자가 처형 이후에 사라지지 않았고 이 젊은 랍비인 다소 사람 사울은 기독교를 강제로라도 짓밟아 없애야겠다고 결심했다. 그는 예루살렘에 있는 그리스도인을 뿌리째 없애 버리기 위해 힘썼고 그리스도인들을 찾을 때마다 그들이 잡혀 죽임을 당하는 것을 지켜보았다. 이 일을 예루살렘에서만 하는 것에 만족하지 못하고 그는 대제사장에게 가서 다메섹에 있는 여러 회당에

갈 공문을 받았다. 이것은 만일 그곳에서 어떤 그리스도인이라도 만나면 잡아서 예루살렘 재판에 끌고 올 수 있도록 하기 위함이었다.

사울은 수년전 예수님의 무덤을 굳게 막고자했던 이들의 종파에 속한 인물이었다. 그리고 그는 두 가지를 지키려고 했다. 첫 번째로 그는 새로운 나사렛 사람의 종파로부터 나오는 폭발적인 생기로부터 유대교를 지키려고 했다. 그는 기독교를 이단으로, 예수님을 신성을 모독하는 자요 사탄의 자식이라고 간주했다. 그리스도인들을 모조리 체포함으로써 자신의 종교가 지켜지기를 바랐다. 두 번째로 그는 자기 자신을 필사적으로 지키고자 했다. 훗날 그는 마치 어떤 동물이 자기를 바른 길로 가도록 재촉하는 주인과 싸우는 것처럼, 자신이 "가시채를 뒷발질" 하려고 했다는 사실을 깨달았다(행 26:14). 이 말은 사울이 깊은 열의로 그리스도인들에 대항하여 싸우기는 했지만 동시에 자신의 마음 속 깊은 비밀스런 공간에서 훨씬 더 극심한 내적 싸움을 치루고 있었다는 의미이다. 사실 그의 외적 열의는 그의 내적 몸부림으로 설명될 수 있다. 사울은 그의 삶을 유대교에 바쳤다. 그러나 만약 그리스도인들이 옳다면? 만약 예수라는 인물이 정말 성육신 하신 하나님의 아들이라면? 그분이 정말 메시아시고, 그분의 십자가 죽음이 그 백성의 죄를 속하기 위한 하나님의 대속적 제사라면? 만약 예수님이 정말 죽음에서 부활하셨다면? 사울은 이러한 것들에 대해 생각하지 말아야 했다. "그만! 일에 집중하라! 그리스도인들을 잡으러 가야한다!"

이렇게 두 가지 마음이 공존하는 혼란스런 상황 속에서 사울은 예루살렘에서 다메섹을 향해 북쪽으로 발걸음을 옮기고 있었다. 그 때 갑자기 밝은 빛이 그를 둘러 비추었고 그는 눈이 멀어 땅에 엎드러졌다. 사울과 함께 길을 가던 자들도 빛을 보고 음성을 들었지만 사울만이 그 말을 알아들었다.

"사울아, 사울아, 네가 어찌하여 나를 박해하느냐?"

"주여, 누구시니이까?" 사울이 물었다. 사울이 응답했던 방법은 그가 어떤 일이 다가왔는지 감지했음을 보여준다.

"나는 네가 박해하는 예수라," 그 음성이 대답했다. "너는 일어나 시내로 들어가라 네가 행할 것을 네게 이를 자가 있느니라"(행 9:1-6). 이제 바울이 된 사울이 순종하여 다메섹으로 갔을 때 하나님은 아나니아라고 하는 한 제자를 보내서서 그의 믿음을 확증하게 하시고 하나님이 그를 세계 복음화를 위해 부르셨음을 말하도록 하셨다.

> 이 사람은 내 이름을 이방인과 임금들과 이스라엘 자손들에게 전하기 위하여 택한 나의 그릇이라 그가 내 이름을 위하여 얼마나 고난을 받아야 할 것을 내가 그에게 보이리라(행 9:15-16).

이렇게 그리스도인을 박해하던 그가 위대한 첫 번째 그리스도인 선교사가 되었다.

사울의 마음은 이렇게 말해왔다. "가라, 너의 오래된 종교, 그 전통, 너의 마음을 있는 힘껏 굳게 지켜라." 그 마음은 공문을 들고 갈 때도, 그리스도인들을 잡아 재판에 회부하고 처형할 때도 이렇게 말했다. "네 자신을 예수로부터 굳게 지켜라. 너의 행동으로 그를 짓밟아라. 너의 열의로 그를 짓눌러라." 그러나 불현듯, 밝은 빛과 부활은 사실로 다가왔다.

3. 풍성한 교제

또 다른 누군가도 부활에 대항하여 그의 관심을 굳게 지키는데 주의를 기울이고 있었다. 사실 그는 예수 그리스도에 대항한 전쟁을 줄곧 이끌어온 장본인이다. 그의 이름은 사탄이다. 우리는 그가 하와를 유혹하여 금지된 열매를 먹도록 했던 에덴동산에서 그를 처음 보았다. 애굽에서 일어났던 반유대적 움직임 속에서 그를 보았다. 메시아가 오실 통로로 쓰임 받았던 이들에게 일어난 셀 수 없는 박해 가운데에서 그를 보았다. 마지막으로 우리는 성육신하신 예수님께 대항하여 전투를 하고 있는 그를 본다.

그리스도 탄생 때 헤롯에게 악한 상상을 일으켜 베들레헴의 아기들을 살해하도록 한 것이 바로 사탄이었다. 헤롯은 그 일을 통해 그리스도로부터 자신을 지킬 수 있다고 생각했다. 그리스도가 세례를 받으실 때 즈음하여 사탄은 주님이 죄를 범하도록 꾀려고 노골적으로 나타났다.

> 네가 만일 하나님의 아들이어든 명하여 이 돌들로 떡덩이가 되게 하라…네가 만일 하나님의 아들이어든 뛰어내리라 기록되었으되 그가 너를 위하여 그의 사자들을 명하시리니 그들이 손으로 너를

받들어 발이 돌에 부딪치지 않게 하리로다 하였느니라…만일 내게 엎드려 경배하면 이 모든 것을 네게 주리라(마 4:3, 6, 9).

그 후 그리스도가 사역을 하실 때 사탄은 그분에 대항하여 유대 지도자들을 움직였다. 심지어는 유다가 그리스도를 배신하도록 만들었고 다른 제자들이 그분을 저버리도록 만들었다.

사람들이 사탄에게 선동되어서 "그를 십자가에 못 박게 하소서! 십자가에 못 박게 하소서!"(눅 23:21) 외쳤을 때 사탄이 얼마나 승리감에 도취되었겠는가? 재판에서 십자가형이 언도되고 그가 온 우주에서 가장 미워하는 이가 십자가로 끌려갔을 때 그가 얼마나 신났겠는가? 거친 못이 예수님의 발과 손에 파고들었을 때, 죄인의 친구가 결국 약해져서 죽음을 맞이하였을 때 사탄은 얼마나 기쁨에 겨웠을까? 그리스도가 묻혔을 때 얼마나 행복했을까? 주님의 생명 없는 잿빛 시신이 요셉의 무덤에 들어가고 무덤이 봉해졌을 때 얼마나 황홀감을 경험했겠는가? 사탄이 이긴 것이다! 악마가 하나님의 아들을 죽인 것이다. 사탄이 삼위 일체 하나님의 제2위 성자 예수님에 대항하여 자신의 악의 왕국을 굳게 지킨 것이다.

사탄은 자신의 계획을 있는 힘껏 굳건하게 만들었다. 그러나 부활 사건이 일어났을 때 경비병들이 영광의 주님을 막고자 했던 모든 노력이 허사로 돌아갔던 것과 별반 다를 바 없이 사탄은 무기력했다!

그러나 사탄은 거기서 포기하지 않았다. 실제로 오늘날까지도 포기하지 않았다. 전쟁에 참패하였지만 부활하신 이의 능력에 대항하여 여전히 일하고 있다. 교회를 박해한다. 다소사람 바울의 박해와 같은 유대인의 박해가 미흡하다 싶을 때에는 로마의 힘을 끌어왔고 그 후에는 각 지역 나라의 힘을 빌려 박해를 계속했다.

존 폭스(John Foxe)의 『순교자의 책』(*The Book of Martyrs*)은 예수 그리스도의 교회에 일어난 박해에 관해 쓰여진 책 중 가장 중요한 책이다.[3] 엘리자베스 여왕 시대를 살았던 폭스는 그 이전 영국 군주제 하에 믿는 자들에게 벌어졌던 박해를 기록으로 남기기 위해 이 책을 썼다. 그가 글을 시작하면서 가장 첫 장에 "예수님은 살아계신 하나님의 아

---

3 내가 편집하여 발행한 책은 여덟 권으로 폭스가 직접 쓴 열두 권의 책과 폭스에 대한 배경자료가 포함되어 있다: *The Acts and Monuments of John Foxe*, ed. Stephen Reed Cattley (London: R. B. Seeley and W. Burnside, 1841).

들"이라는 베드로의 고백에 대해 예수님이 하셨던 대답을 써두었다.

> 내가 이 반석 위에 내 교회를 세우리니 음부의 권세가 이기지 못하리라(마 16:18).

폭스가 이 말씀을 인용하면서 가르쳐주고자 했던 것은 다음과 같다. 1) 그리스도께서 이 세상에 교회를 두실 것이라는 사실과 2) 이 세상뿐만 아니라 지옥의 극한의 힘과 권세가 교회에 맞서 전투 대형으로 서 있을 것이라는 사실과 3) 이러한 사탄의 극도의 증오와 적의에도 불구하고 그리스도께서 교회를 위해 다시 오실 때까지 교회가 굳게 남아 번영할 것이라는 사실이다.

이 일은 계속 일어났고 지금도 일어나고 있다. 부활 사건과 그에 잇따른 성령의 강림에 의해 크게 격분한 사탄은 세상이 그리스도인들을 미워하고 박해하도록 자극했다. 큰 박해 중 가장 첫 번째는 네로(Nero) 황제의 통치기에 일어났다. 이때 수천 명이나 되는 사람들이 인간횃불로 태워지거나 원형경기장에서 야생동물들에게 잡아먹혔다.

데키우스(Decius) 황제와 발레리아누스(Valerian) 황제 통치하에서는 기독교에 반대하는 움직임이 로마 제국 전역으로 확대되었다. 이 시기(주후 249, 258)에 기독교로 개종한다는 것은 곧 범죄자가 되는 것을 의미했고, 이미 그리스도인이 된 자들은 토지를 몰수당했다.

주후 303년 디오클레티아누스(Diocletian) 황제는 기독교에 반대하여 가장 맹렬하고 긴 박해를 시작했다. 그도 역시 그리스도인이 되는 것을 범죄로 간주했다. 신자들의 믿음을 속임수라고 억지로 주장하는 가짜 문서들을 유포했다. 과거 이교도 예배의식을 기독교와 대치하도록 재편성하여 부활시키기도 했다. 디오클레티아누스 황제는 교회에 반대한 대중적인 움직임들을 장려하였고 그 결과로 많은 이들이 목숨을 잃었다. "배교자"라는 별칭까지 붙은 율리아누스(Julian)의 통치 시기(주후 361-363)에도 같은 일들이 반복되었다.

증오, 박해, 추방, 살해 등, 이러한 것들이 어둠의 주관자가 하나님의 기름부음 받은 왕의 커져가는 힘에 대항하여 자신의 왕국을 굳게 지키고자 노력하며 사용했던 무기였다. 사탄은 그것을 "힘대로 굳게 지키라"(마 27:65)려고 노력했다. 그러나 그 노력은 아무 소용이 없었다. 예수님은 부활하셨고 그분을 따르는 자들 안에 있는 풍성한 교제는 전 세계에 널리 퍼져나갔다.

4. 필연적인 항복

나는 당신이 부활의 능력을 직접 대면한 적이 있는지 묻고 싶다. 대제사장들과 바리새인들은 예수님에 대항하여 그들의 종교적 세계를 굳게 지키고자 했다. 사울은 그의 종교적 전통을 지키고자 했다. 사탄은 자신의 악의 왕국을 지키려는 노력을 계속해왔다. 어쩌면 당신도 역시 어떤 일을 위한 자기만의 방법이나 가치 혹은 시간에 대한 주도권을 지키기 위해 노력해왔을 수 있다. 그리스도의 복음을 듣긴 했지만, 그저 점잖게 그리스도를 그분의 자리에 모셔두려고만 해왔을 수도 있다.

예수님은 그렇게 길들여질 분이 아니시다. 당신이 그분을 밀어내면 다시 다가오신다. 그분을 몰아낼지라도 가장 예기치 못한 순간에 당신의 삶에 밀고 들어오신다. 수많은 이들에 의해 주님이라 불리 우는 그분의 부활 능력에 대항하여 무엇을 하려고 하는가? 예수님에 대항하여 자신을 어떻게 굳게 지키겠는가?

이를 위해 당신이 할 수 있는 것을 제안해보겠다. 어떤 활동적인 일을 시작해 볼 수 있다. 우리가 살고 있는 이 시대 이 나라에서 이것은 그리 어려운 일이 아니다. 우리가 사는 세상은 여러 가지 활동에 사로잡혀있는 듯이 보인다. 가장 바쁜 사람은 그에 대한 보상을 받기도 한다. 만약 당신이 충분히 바쁘다면 생각할 겨를이 없을 것이다. 당신의 시간을 바쁜 일들로 가득 채우라. 남는 시간에 스케줄을 세워서 채우라. 미술이나 외국어, 컴퓨터나 에어로빅, 그게 아니면 다른 수많은 것들 중 아무것이나 골라서 그에 관련한 수업을 들으라. 그러면 당신은 성경 공부에 갈 필요가 없어질 것이다. 어떤 그리스도인 친구가 당신을 초대할 때마다 당신은 너무 바쁘다는 핑계를 댈 수가 있을 것이다. 일요일에는 골프나 라켓볼을 치거나 일요일 아침 시간 동안 조깅을 하는 그룹에 참여하라. 그러면 당신은 교회에 갈 필요가 없어진다. 다른 무엇보다, 당신의 오후 시간을 텔레비전 프로그램을 보는 것으로, 또는 가장 따끈따끈한 베스트셀러를 읽는 것으로 채우라. 그러면 당신은 성경책을 읽을 필요가 없어진다.

또 다른 제안은 당신의 삶을 유쾌한 일로 채우라는 것이다. 특히 죄악된 것이면 더 좋다. 예수님은 하나님의 죄 없는 아들이기 때문에 죄가 당신을 그분으로부터 지켜줄 것이다. 당신의 삶을 악한 쾌락으로 채우라. 예수님에 대항하여서 할 수 있는 한 당신의 삶을 굳게 지키라.

한 가지 제안이 더 남았다. 그것은 종교적인 삶을 살라는 것이다. 종교는 참 신앙을 잘 방어할 수 있는 강력한 수단이다. 단, 만약 당신이 이 제안을 받아들인다면 기독교에 관해서 너무 많이 배우지 말라는 말씀을 꼭 드리고 싶다. 대신 예식에 깊이 잠길 수 있도록 노력하라. 그 의식들을 행하라. 그것들의 의미가 깊기 때문이 아니라 (이런 차원으로 접근하면 그 의미에 대해 생각해야 될 수도 있으니까 말이다) 전통을 지키기 위해, 혹은 단순히 미관을 위해 그 행위들을 하라. 분명 도움이 될 것이다. 가서 종교로 당신의 삶을 있는 힘껏 굳게 지키라. 인(印)을 쳐서 굳게 봉하라. 당신의 경비병들을 세우라. 당신의 바리케이드를 치라.

안타깝게도 이러한 것들이 충분치 못할까 걱정된다. 예수님은 지금까지 이런 봉인들을 모두 무력화시키셨으니 말이다. 그분은 지금까지 수많은 경비병들을 흩어버리셨다. 만약 하늘로부터 강렬한 빛이 당신에게 비춰오고 이어 당신을 향한 음성이 들린다면 어떻게 하시겠는가? "사울, 요한, 마리아, 알버트, 수잔, 얘들아, 너희가 어찌하여 나를 박해하느냐?" 무덤의 입구가 열리고 나사렛 예수님께서 부활의 찬란함으로 당신 앞에 서계신다면 당신은 어떻게 하겠는가?

나는 이렇게 할 것이다. 나라면 그분을 대항한 싸움을 멈출 것이다. 나라면 나의 봉인, 무덤을 막았던 바위, 경비병, 열렬한 활동들을 모두 내려놓겠다. 나라면 제 죄악들을 포기하겠다. 나라면 그분 앞에 엎드려 도마처럼, "나의 주님이시요 나의 하나님이시니이다"(요 20:28)라고 고백하겠다. 그러면 그분은 당신을 그분의 것으로 만들어주실 것이다. 그리고 그분은 그분 자신을 위해 당신이 어떤 사람이 되어야 할지, 무엇을 해야 할지 말씀해주실 것이다.

The Christ of the Empty Tomb

5장

처벌 대신 보상

예수 그리스도 부활 사건에 있어서 흥미로운 점은 이 사건이 그분의 가까운 사람들에게 알려지기 이전에 주님의 적대자들에게 먼저 알려졌다는 사실이다. 부활 사건은 우리가 부활 주일이라 부르는 날 동트기 전에 일어났다. 돌이 옮겨진 새벽녘 여인들이 무덤에 도착했을 때 무덤은 이미 비어있었다(눅 24:1-2; 요 20:1). 천사가 내려와 돌을 옮겼을 때 무덤가에는 경비병들이 지키고 있었기 때문에 여인들이 아닌 경비병들이야 말로 이 사건의 발생을 가장 먼저 알게 된 사람들이라 할 수 있다. 마태복음에 의하면, 무덤에 왔던 여인들이 천사를 통해 그리스도가 살아나셨다는 소식을 듣고 베드로와 요한에게 그 소식을 전하기 위해 가는 동안 경비병들은 같은 사실을 장로들과 대제사장들에게 보고하고 있었다.

내가 궁금한 것은 주님의 적대자들이 그 사건이 일어나기 전 토요일 밤 편안히 잠을 자고 있었을까하는 점이다. 그럴 가능성도 있다. 왜냐하면 그들의 세상을 뒤집어 놓고 전통을 파괴할 만큼 위협적인 존재를 자신들이 완전히 제거했다고 생각하고 있었을 테니까 말이다. 하지만 그들은 부활을 두려워했다. 만약 위 경우와 반대로 밤잠을 설치고 있었다면 이른 아침부터 쉬지 않고 들려오는 경비병의 노크소리와 그들이 전하는 빈 무덤에 대한 보고를 듣는 순간 최악의 악몽이 현실이 되었음을 깨닫는 끔찍한 순간이 아니었을까 생각해본다.

이 이야기에서 정말 나의 관심을 끈 사람은 바로 경비병들이다. 그들은 천사를 보고 소스라치게 놀랐다. 그래서 기록에 따르면, "지키던 자들이 그를 무서워하여 떨며 죽은 사람과 같이"(마 28:4) 되었다. 그러나 그들의 두려움은 천사들이 떠나간 후에도 계속되었다. 이제 지킬 필요가 없어진 무덤을 내버려두고 유대 지도자들에게 일어난 사실을 보고하기 위해 길을 가면서도 두려움은 사라지지 않았다. 그들은 주어진 임무를 완수하지 못했다. 이는 당시 군인에게는 심각한 실수였다. 이와 같은 실패는 어떤 경우에는 죽음으로 갚아야 할 수도 있는 상황이었다. 게다가 제사장들은 경비병들에게 이 무덤을 지키는 일이 얼마나 중요한 일인지 거듭 강조했던 터였다. 무슨 일이라도 생기면 죽은 이의 제자들에게 부활을 주장할 수 있는 여지를 조금이라도 줄 수 있음을 강조하면서 말이다. 이 지도자들은 강력한 사람들이었다. 누구에게나 두려움을 살만한 사람들이었다. 그러니까 이 군인들은 가장 지독한 처벌을 예상하지 않았겠는가? 실패에 대한 대가로 매를 맞거나 심지어 죽임을 당할 수도 있다고 생각하지 않았겠는가?

나는 제사장들의 숙소 앞 대기실에서 자신들에게 무슨 일이 일어날까 두려워하며 떨고 있는 그들의 모습을 그려본다. 갑자기 대기실 문이 열렸다. 그런데 가혹한 언어들 대신 음모가 가득한 어조의 목소리가 그들을 맞이했다. 그들은 사건을 은폐하기 위해 한 부분을 맡게 되었고 그들이 담당할 부분에 대한 보상을 받았다. 성경은 다음과 같이 말한다.

> [대제사장]들이 장로들과 함께 모여 의논하고 군인들에게 돈을 많이 주며 이르되 너희는 말하기를 그의 제자들이 밤에 와서 우리가 잘 때에 그를 도둑질하여 갔다 하라 만일 이 말이 총독에게 들리면

> 우리가 권하여 너희로 근심하지 않게 하리라 하니 군인들이 돈을 받고 가르친 대로 하였으니 이 말이 오늘날까지 유대인 가운데 두루 퍼지니라(마 28:12-15).

이것이 부활 사건을 덮기 위한 첫 번째 시도였다.

1. 어리석은 이야기

물론 이는 어리석은 설명이었다. 심지어 당연히 수준높은 지적 교육과는 거리가 아주 먼 경비병들조차도 이 설명이 터무니없다는 것을 알았을 것이다. 한 가지 예로 그들은 자신들이 졸고 있는 사이에 예수님의 제자들이 스승의 시신을 훔쳐갔다고 말해야했다. 그런데 만약 졸고 있었다면 시신을 훔쳐간 이들이 제자인 것을 어떻게 알았겠는가? 아마도 최소한 경비병 중 한 명은 깨어있었고 제자들을 보았어야 말이 된다. 만약 그렇다면 왜 그는 즉각 다른 동료들을 깨워서 제자들을 쫓아내지 않았을까? 대부분 오합지졸 갈릴리 무식쟁이인 제자들이 무장한 군인의 선수를 쳤다거나 제압했다는 생각자체가 말도 안 되는 이야기이다. 그렇다면 졸던 경비병들이 단지 제자들이 훔쳐갔다고 의심했을 뿐이라는 말이 된다. 이런 경우라면 그들은 왜 즉시 일을 바로잡지 않았을까? 제자들을 찾아 시체를 훔친 범행을 밝혀내고 시체를 찾아오는 일은 그렇게 어려운 일이 아니었을텐데 말이다. 존 칼빈(John Calvin)은 이렇게 말한다.

> 경비병들이 상대한 이들이 만약 강직하고 분별력 있는 지도자였다면 그 일에 손을 떼도록 대가를 쥐어줬다는 것 자체가 굉장히 유치한 구실로 여겨 질 수 있다.[1]

그런데 바로 이것이 요지이다. 지도자도, 제사장들도, 서기관들도, 그 누구도 강직하지 않았다. 요나 선지자의 표적이 가능한 방법 중 가장 선명한 방법으로 의심할 여지가 없도록 그들에게 보였다. 경비병들은 그들의 실패로 잃을 것만 있었지 얻을 것이 하나도 없었다. 그런데 그 주님의 적대자들은 이미 믿지 않기로 작정하고 있었다. 그들이 믿지 않은 이유는 증거가 불충분해서가 아니었다. 믿지 않았고 그래서 증거를 인멸했다.

이렇게 허위사실들이 만들어졌고 유포되었다. 그리고 이

---

[1] John Calvin, *A Harmon of the Gospels Matthew, Mark and Luke*, Vol. 3, trans. by A. W. Morrison (Grand Rapids: Eerdmans, 1972), 230.

계획에 동참한 경비병들은 처벌 대신 보상을 받았다.

2. 불신앙의 보상

이러한 일은 그 후로도 계속해서 반복되어 왔다. 나는 19세기에 에르네스트 르낭(Ernest Renan, 1823-1892)이란 이름으로 잘 알려진 학자에 관해 생각해보았다. 그는 프랑스 브로타뉴 지방의 비교적 가난한 집안에서 태어났다. 보수적인 카톨릭 환경에서 교육을 받았고 성직자가 되었다. 그러나 수많은 영특한 젊은이들이 그렇듯 그는 진보적 학풍에 심취하였고 머지않아 게오르그 프레드리히 헤겔(Georg Friedrich Hegel)과 임마누엘 칸트(Emmanuel Kant)의 생각을 엄격히 따랐다. 합리주의에 마음을 빼앗겼고 이러한 관점으로 복음서의 기록들을 보고자 노력했다. 뒤이어 르낭은 부활에 대한 믿음을 곡해한 『예수의 생애』(*The Life of Jesus*)란 책을 썼다. 그는 부활 신앙이 막달라 마리아의 간절함에서 나온 환영에 기인한다고 설명했다. 그가 주장하길, 마리아는 예수님을 사랑했고 심리적으로 불안정한 상태에 있었으며, 그래서 사실은 동산지기를 보았을 뿐인데 자신이 예수님을 보았고 자신의 이름을 부르는 것을 들었다고 상상했다고 했다.

르낭의 관점은 기독교 교리를 전면 부정하는 것이었다. 그의 불신은 검열되었어야 마땅했다. 그러나 그렇지 않았다. 오히려 그는 파리 상점들의 환영받는 인사가 되었고 명문 파리대학(College de France) 관리자가 되었으며 레종 드뇌르 훈장과 작위(Grand Officer of the Legion of Honor)까지 받았다. 그의 책 『예수의 생애』는 출판 첫 달에 60,000부가 팔려나갔다.

더 최근 예로 1966년 예수님의 삶과 죽음에 대한 기괴한 해석을 담아 『유월절 이야기』(*The Passover Plot*)란 책을 내놓은 영국의 유대인 역사가 휴 J. 숀필드(Hugh J. Schonfield)의 이야기를 들 수 있다. 그 책은 메시아가 죽고 부활할 것이라는 구약 선지서 예언들을 잘 알고 있었던 예수님이 여러 사건들과 사람들을 조작하여 그 예언들을 성취했다고 주장했다. 숀필드에 의하면 예수님이 스스로 십자가에 못 박힐 것을 계획했다는 것이다. 그러나 그는 아리마대 요셉, 나사로, 한 유대 제사장, 그리고 무명의 "젊은 남자"에게 이 계획을 털어놓았고 이들의 도움으로 가짜 부활 사건을 꾸며냈다는 것이다. 이 공모자들은 예수님이 죽은 것처럼 보이도록 하는 어떤 약을 그에게 주기로 했다. 그 약은 십자가에서 예수님에게 주어진 식초 혹은 싼 와인에 담겨있었다. 그리고 나서 시신을 무덤에 넣어두었다가 후에 예수님이 부활한 것처럼 보이도록 그들이 시신을 다시 찾아오기로 되어있었다.

그런데 이 계략은 실패했다. 한 군인이 아무도 예상치 못한 가운데 창으로 예수님을 찔렀기 때문이었다. 숀필드는 이렇게 썼다.

> 아마도 예수님은 그 계획에 동참한 자들을 통해 토요일 밤의 어둠을 틈타 무덤 밖으로 옮겨졌을 것이고, 그 밤, 그는 일시적으로 의식을 회복했지만 끝내는 숨을 거두고 말았을 것이다. 제4복음서가 말하듯 만약 그가 십자가에서 내려지기 전 그의 옆구리가 긴 창으로 찔렸다면 회복될 가능성은 희박하다. 숨진 시체를 무덤으로 다시 가져가서 그곳에 있는 붕대를 다시 매고 돌을 굴려 입구에 가져다 놓아 모든 모습이 금요일 오후의 모습 그대로라는 인상을 풍기도록 만들기에는 너무 위험요소가 많았고 아마도 너무 늦었을 것이다. 이렇게 하는 것이 불가능해 보이기도 했을 것이다. 동이 트기 전 빈 무덤의 수수께끼를 남긴 채 예수님의 유해는 재빠르되 경

건하게 어딘가에 매장되었다.[2]

숀필드는 이 후 부활 예수님이 "나타난" 사건을 신원 착오 사례로 설명했다.

이처럼 요상한 이론은 당연히 학자들 사이에서는 물론이고 심지어 부활에 대해 받아들이기를 주저하는 사람들 사이에서 조차도 거의 아무런 영향력을 미치지 못했다. 그러나 놀랍게도 미디어를 통해 널리 주목 받으며 종교 지도자들로부터 과도한 찬사를 받았다. 『유월절 이야기』란 책은 출판되고 첫 5개월간 100,000부가 넘는 판매부수를 기록했고 2년이 채 되기도 전에 11쇄를 넘어섰다.

헤롤드 블레이크 워커(Harold Blake Walker)라는 한 장로교 목사는 "시카고 트리뷴"(Cicago Tribune)지에서 다음과 같이 이 책에 대해 호평하는 글을 썼다. "이 책은 매우 흥미롭다…명확하게 쓰여졌고 신중하게 기록되었다…귀중한 공헌을 한 책이다."

"새러데이 리뷰"(Saturday Review)는 "센세이셔널하다…독자들을 흥분시킨다…중심 논제의 대담함에 맞게 이 책은 줄

---

2 Hugh J. Schonfield, *The Passover Plot: New Light on the History of Jesus* (New York: Bantam, 1967), 165.

곧 학구적이고…연구의 지지를 받는다"라고 평했다.

『데일리 성경 주석 시리즈』(*The Daily Study Bible*)의 저자로 잘 알려진 윌리엄 바클레이(William Barclay)는 이 책을 이렇게 불렀다. "세심하게 기록되어 엄청난 배움과 학식이 있는 책…필독서."

"크리스챤 헤럴드"(Christian Herald)의 편집자인 다니엘 A. 폴링(Daniel A. Poling)은 말하길, "이 책의 저자는 경건하게 신약성경을 읽는 많은 그리스도인들보다 더 신중하게 신약성경으로부터 배움을 얻는 독자임을 보여준다"라고 했다.[3]

지금까지 이야기한 것이 바로 부활 사건에 대한 가장 기괴한 곡해가 그 기괴함에 거절과 조롱을 받는 대신 예상을 뛰어넘는 찬사를 받은 경우이다. 그것도 유명한 기독교 편집자와 학자들로부터 말이다.

3. 핍박받는 진리

이제 부활 이야기에 등장하는 다른 인물들에 대해 생각

---

[3] 위 기록된 이 책에 대한 평가들은 1967년 Bantam에서 발행된 책의 속지 및 뒤표지로부터 인용되었다.

해보자. 무덤에 가장 먼저 도착한 여인들, 여인들의 이야기를 듣고 바로 그곳으로 달려간 베드로와 요한, 엠마오로 향했던 제자들, 예수님을 따르던 다른 제자들이 바로 우리가 생각해볼 사람들이다. 이들은 단지 소식만 들은 것이 아니라 예수님을 보았다. 실제 사도 바울이 훗날 기록했듯이 예수님의 부활 후 아주 많은 사람들이 살아계신 예수님을 보았다.

> 게바에게 보이시고 후에 열두 제자에게와 그 후에 오백여 형제에게 일시에 보이셨나니 그 중에 지금까지 대다수는 살아 있고 어떤 사람은 잠들었으며 그 후에 야고보에게 보이셨으며 그 후에 모든 사도에게와 맨 나중에 만삭되지 못하여 난 자 같은 내게도 보이셨느니라(고전 15:5-8).

이 사람들은 부활에 관한 진리를 알았다. 널리 전했다. 그들이 전한 것은 예수님이 부활하셨고, 사망이 굴복하였고, 구원이 보장되었다고 하는 좋은 소식이었다. 하지만 그 복음으로 인해 이들이 환영받았나? 그와는 반대로 그들이 전한 것이 진리였고 거짓이 아니었지만 그들은 보상 대신 처벌을 받았다.

베드로와 요한이 첫 번째 체포된 경위는 다음과 같다. 예루살렘에 성령의 오심을 기다렸던 그들은 복음을 외치기 시작했다.

> 그가 하나님께서 정하신 뜻과 미리 아신 대로 내준 바 되었거늘 너희가 법 없는 자들의 손을 빌려 못 박아 죽였으나 하나님께서 그를 사망의 고통에서 풀어 살리셨으니 이는 그가 사망에 매여 있을 수 없었음이라(행 2:23-24).

이러한 복음이 종교 지도자들의 귀에도 들어갔다. 아마 그전부터 그래왔듯이 그들에게 굉장히 거슬렸다. 그들은 사도들을 잡아들여 감옥에 집어넣고 심문했다. 결국 사도들에게 "도무지 예수님의 이름으로 말하지도 말고 가르치지도 말라"고 경고하고 다시 그렇게 할 경우 처벌하겠다고 위협했다(행 4:18-21). 그러나 종교 지도자들이 베드로와 요한을 놓아주자마자 두 사람은 다시 복음을 전하기 시작했다.

사도들이 두 번째 체포되었다. 이번에는 하나님이 그의 사자를 보내서서 감옥 문을 열게 하셨다. 다음날 대제사장과 그와 함께 있는 사람들이 사도들에 대한 재판을 시작하려고 하자 대제사장의 부하들이 감옥은 비었고 옥에 갇혀

있던 자들이 성전에서 다시 사람들을 가르치고 있다는 사실을 알려왔다(행 5:17-25).

사도들이 세 번째 체포되었다. 그리고는 복음을 가르치지 말라는 제사장의 경고를 무시한 처사에 대해 심문하는 대제사장과 공회를 향해 이렇게 대답한다.

> 너희가 나무에 달아 죽인 예수를 우리 조상의 하나님이 살리시고 이스라엘에게 회개함과 죄 사함을 주시려고 그를 오른손으로 높이사 임금과 구주로 삼으셨느니라 우리는 이 일에 증인이요 하나님이 자기에게 순종하는 사람들에게 주신 성령도 그러하니라 (행 5:30-32).

이 대답은 그곳에 있는 지도자들을 격분시켰다. 그들은 사도들을 채찍질했다. 그런데 "사도들은 그 이름을 위하여 능욕 받는 일에 합당한 자로 여기심을 기뻐하면서"(41절) 공회를 떠났다.

그 일이 있은 후 얼마 지나지 않아 또 다른 하나님이 선택하신 종이 더 가혹한 처벌을 받았다. 바로 예루살렘 교회의 첫 집사들 중 하나인 스데반 집사였다. 그는 신성모독이라는 죄목으로 체포되었고 공회 앞에 섰다. 그 재판에서 스데반은 항상 성령의 가르침에 거스르는 이스라엘의 긴 역사를 이야기하며 그 결론으로 하나님의 아들을 죽인 지도자들을 책망했다. 이 순간 하나님은 스데반에게 예수님이 하나님 우편에 서계신 것을 보여주셨고 스데반은 본 것을 말했다.

> 보라, 하늘이 열리고 인자가 하나님 우편에 서신 것을 보노라 (행 7:56).

이것 역시 그를 심문하던 자들을 격분하게 했고 이들은 즉시 스데반을 끌고 성 밖으로 나가 돌로 쳐서 죽였다.

바울의 경우 역시 마찬가지였다. 바울은 이방인을 위한 첫 번째 위대한 선교사였고, 그래서 우리는 예루살렘의 지나치게 과열되고 불안정한 기운과는 거리가 먼 이방 땅에서는 그가 전한 십자가에 못 박히신 주님, 부활하신 주님의 복음이 더 관대하게 받아들여졌을 것이라고 상상하기가 쉽다. 하지만 그렇지 않다. 하나님이 바울을 부르셨을 때 하나님은 아나니아에게 분명히 이렇게 말씀하셨다.

> 그가 내 이름을 위하여 얼마나 고난을 받아야 할 것을 내가 그에게 보이리라(행 9:16).

바울은 고난을 받았다. 위험과 조소와 돌로 맞는 아픔과 투옥의 고통과 결국 세상 지도자의 손에 죽음을 당하기까지 그는 고난을 받았다.

바울은 고난에 대해 이렇게 쓴 적이 있다.

> 그들이 그리스도의 일꾼이냐 정신 없는 말을 하거니와 나는 더욱 그러하도다 내가 수고를 넘치도록 하고 옥에 갇히기도 더 많이 하고 매도 수없이 맞고 여러 번 죽을 뻔하였으니 유대인들에게 사십에서 하나 감한 매를 다섯 번 맞았으며 세 번 태장으로 맞고 한 번 돌로 맞고 세 번 파선하고 일 주야를 깊은 바다에서 지냈으며 여러 번 여행하면서 강의 위험과 강도의 위험과 동족의 위험과 이방인의 위험과 시내의 위험과 광야의 위험과 바다의 위험과 거짓 형제 중의 위험을 당하고 또 수고하며 애쓰고 여러 번 자지 못하고 주리며 목마르고 여러 번 굶고 춥고 헐벗었노라 이 외의 일은 고사하고 아직도 날마다 내 속에 눌리는 일이 있으니 곧 모든 교회를 위하여 염려하는 것이라 (고후 11:23-28).

바울은 예수님을 전했다. 그러나 이 땅에서 그는 아무런 보상도 받지 못했다. 대신 그는 대부분의 사람들이 처벌이라고 하는 것을 대가로 받았다.

4. 뒤집어져 있는 테이블

왜 누군가 이런 처벌을 받아야만 하는가? 바울은 그에게 돌아오는 것이 고난일 뿐인데도 왜 계속해서 복음을 전했나? 스데반의 순교가 가치 있는 것이었나? 산헤드린 공회에서 베드로와 요한이 채찍을 맞은 것이 무슨 의미가 있는가? 그들이 그저 시대의 흐름에 순응했다면, 그래서 유대 지도자들이 원하는 대로 해주었다면 그들 각자에게 더 나은 일 아니었을까? 돈을 받고 침묵을 지킨 경비병들처럼 행동하는 것이 더 지혜로운 일 아닌가?

예수님에 대해 침묵한다? 부활에 대해 침묵한다? 초기 그리스도인들이라면 예수님과 부활은 절대 침묵 속에 있을 수 없다고 우리에게 말해줄 것이다. 왜냐하면 그들이 전한 메시지는 단순히 유익이 있거나 없거나에 따라 믿거나 말거나 할 수 있는 그런 이 땅의 메시지가 아니기 때문이다. 부활은 철학이 아니다. 그것은 역사적 사실이다. 그렇기 때문에 베드로와 요한이 산헤드린 공회에서 웅대한 것과 같이 초기 그리스도인들은 "보고 들은 것을 말하지 아니할 수" 없었던 것이다(행 4:20).

다음의 사실을 기억하라. 이 땅에서의 삶에는 종종 테이블이 뒤집어져있다. 그래서 진리는 고난을 당하고 거짓은 찬사를 받다. 그러나 이생은 현실의 한계가 아니고 예수님의 한계처럼 보였던 아리마대 요셉의 무덤을 뛰어넘는 것이다. 예수님은 살아계신다! 마찬가지로 사람의 반대를 뛰어넘어 진리 역시 살아있다. 이생에서는 속이는 자들이 보상을 받을 수 있다. 이제껏 이러한 일들이 계속 이어져왔다. 그리고 계속 있을 것이다. 그러나 그 날에는 진리가 보상을 받고 악은 처벌을 받을 것이며 다시 사신 그리스도를 섬긴 자들은 그분의 큰 음성을 들을 것이다.

> 잘 하였도다 착하고 충성된 종아!…네 주인의 즐거움에 참여할지어다!(마 25:21).

The Christ of the Empty Tomb

6장

완전히 비어있지만은 않은 무덤

예수 그리스도의 부활을 증명하는 결정적인 역사적 증거 가운데 하나는 단연 빈 무덤이다. 그러나 주목할 만한, 그리고 꽤나 놀랄만한 사실은 베드로와 요한이 첫 부활절 아침 무덤에 도착했을 때 무덤은 사실 완전히 비어있지만은 않았다는 점이다. 예수님은 사라졌지만 어떤 무언가가 여전히 그 자리에 남아있었다. 예수님을 쌌던 세마포가 바로 그것이다. 성경은 그 세마포와 관련하여 요한이 그것을 보자마자 예수님이 부활하셨다는 것을 믿게 할 만한 굉장히 놀라운 무언가가 있었다는 사실을 암시한다.

이 점이 중요하다. 왜냐하면 제자들 중 한 사람이 믿음이 있었다는 것을 나타내주는 첫 번째 증거이기 때문이다. 앞서 살펴보았듯이, 에른스트 르낭은 환각으로 힘들어하고 있던 막달라 마리아가 예수님을 보았다고 착각하면서 부활에 대한 소문을 퍼트렸는데 그 결과물로서 부활 신앙이 생겼다고 주장한다. 그러나 이것은 불가능한 이야기이다. 마리아는 환각으로 고통 받은 적이 없었다. 그녀는 주님의 부활에 대해 전혀 예상치 못했다. 그리고 요한의 증언에 의하면 최소한 마리아가 다시 무덤으로 돌아와 그곳에서 예수님을 만나기 이전 어느 시점에 이미 요한이 믿었다라고 기록하고 있다.

1. 부활절 아침에 일어난 일들

시간적 요소는 여기서 큰 관심의 대상이다. 여기서 시간은 무덤가에서 베드로와 요한이 경험한 일들에 관해 중요한 배경 지식을 제공해준다. 비평가들은 복음서 기록들 간에 소위 모순되는 부분이 많다고 문제를 제기해 왔다. 그러나 그 기록된 사건들을 바르게 이해한다면 모순되는 부분이 하나도 없다.

예수님이 십자가에 못 박히신 것은 (교회가 일반적으로 받아들이는 대로) 금요일 혹은 (널리 받아들여지지는 않지만 정황적 증거들과 맞아들어 간다고 보이는) 목요일이었다. 무슨 요일이건 상관

없이 일요일 새벽 전에는 분명히 발생한 부활 사건이 일어나기 전까지 예수님은 무덤에 누워계셨다. 이 날 여인들은 예루살렘에서 시체에 바를 향품을 가지고 무덤으로 갔다. 이 때 적어도 네 사람이 있었고 아마도 더 많았을 것이다. 마태는 이 여인들 가운데 막달라 마리아와 또 다른 마리아, 즉 야고보의 어머니 마리아가 있었다고 말한다. 마가는 살로메 역시 이 무리에 포함되었다는 사실을 기록한다. 누가는 요안나 역시 다른 이들과 함께 있었다고 말한다. 이 여인들은 아직 밤의 어둠이 깔려있을 때 집을 나왔고 아직 사물을 분간하기 어려운 이른 새벽 무덤가에 도착했다.

무덤가에 도달한 여인들은 무덤 입구에서 돌이 옮겨져 있는 것을 보고 깜짝 놀랐다. 이 순간을 머릿속에 그려보시기 바란다. 여인들이 놀라 그 앞에 멍하니 서서 가까이 가기를 두려워하다가 무슨 일이 일어난 것인지 어리둥절한 표정을 짓고 있는 모습을 말이다. 누가 돌을 옮겼지? 무덤이 도난당한 것인가? 예수님의 시체를 누군가 훔쳐간 것일까? 아리마대 요셉이 다른 장소로 다시 옮겼을까? 이제 어찌해야 하나? 결국 그들은 제자들에게 이 사실을 알려야겠다고 결심을 했고, 그 중 마리아가 제자들을 찾아 나섰다.

어느 누구도 예수님이 죽음에서 살아나셨다는 사실을 상상조차 하지 못했다.

시간이 조금 흐르자 날이 조금씩 밝아왔고 여인들은 조금 더 대담해졌다. 그들은 무덤 안을 보기로 마음먹었다. 그곳에서 그들은 천사를 보았다. 여인들은 두려웠다. 그러나 천사가 말했다.

> 너희는 무서워하지 말라 십자가에 못 박히신 예수를 너희가 찾는 줄을 내가 아노라 그가 여기 계시지 않고 그가 말씀 하시던 대로 살아나셨느니라 와서 그가 누우셨던 곳을 보라 또 빨리 가서 그의 제자들에게 이르되(마 28:5-7).

그 사이 마리아는 제자들 중 우두머리격인 두 사람, 베드로와 요한을 찾았다. 짐작컨대 그 둘은 십자가 처형사건 이후 예수님의 어머니를 모셔온 예수님의 사랑하시던 제자 요한의 집에 있었을 것이다(요 19:27).

두 제자는 즉시 마리아를 제쳐두고 무덤으로 달려갔다. 둘 중 요한이 더 젊다. 그래서 그가 먼저 무덤가에 도착했고 멈춰 서서 열린 입구를 통해 무덤을 보니 무덤 안에 세마포가 놓여 있었다. 이내 베드로가 숨을 몰아쉬며 항상 그렇듯 허겁지겁 도착했다. 그리고는 요한을 한쪽으로 밀쳐 내고 무덤 안으로 뛰어들었다. 요한이 세마포를 처음 보았을 때는 단지 무덤 밖에서 대충 훑어보았을 뿐이었다. 헬라어 원어성경은 이 장면을 '보다'라는 가장 일반적인 단어를 사용하여 묘사한다. 그런데 베드로는 무덤에 와 세마포를 세심히 살펴보았다. 성경은 이 베드로의 행동을 유심히 바라본다는 뜻의 "테오레오"(*theoreō*)라는 특별한 동사로 묘사한다. 성경은, "시몬 베드로는 따라와서 무덤에 들어가 보니(*theoreō*) 세마포가 놓였고 또 머리를 쌌던 수건은 세마포와 함께 놓이지 않고 딴 곳에 쌌던 대로 놓여 있더라"라고 말씀한다(요 20:6-7). 이 때 요한도 들어와 베드로가 본 것을 보았고 예수님의 부활을 믿었다.

믿음이 시작된 가장 첫 순간이었다. 이 순간 요한은 첫 그리스도인이 되었다. 그의 믿음은 부활하신 예수님이 사람들에게 나타나시기 이전에 이미 시작되었다. 요한과 베드로가 성읍으로 돌아간 후 무덤에 다시 돌아와 있던 막달라 마리아에게 예수님은 맨 처음으로 나타나셨다. 다음으로는 아직 성읍으로 돌아가는 길에 있던 여인들에게 나타나셨고, 그 다음 베드로에게, 그리고 엠마오로 가는 제자들에게, 마지막으로 그날 밤 늦게 다락방에 함께 모여 있던 제자들 모두에게 나타나셨다. 그러나 가장 먼저 믿은 것은 요한이었다. 예수님을 실제로 보기도 전에 그는 믿었다. 도대체 무엇이 그를 믿게 하였을까? 그가 과연 무엇을 보았기에 예수님의 부활을 확신할 수 있었을까?

2. 유대 매장 풍습

이쯤에서 당시 유대 매장 풍습에 관해 생각해보자. 모든 사회는 그만의 매장 방식이 있다. 오늘날이나 고대 문화에서도 마찬가지이다. 이집트에서는 시체를 방부처리 했다. 그리스와 로마에서는 종종 시체를 화장했다. 하지만 팔레스타인 지방에서는 시체를 방부처리하지도, 화장하지도 않았다. 이곳에서는 시체를 마른 향품과 함께 아마포 천으로 감싸고 일반적으로 유대와 갈릴리 지방 언덕의 바위를 잘라 만든 무덤 안에 관 없이 얼굴이 천정을 보도록 눕혀서 그대로 두었다. 이런 무덤들이 오늘날에도 많이 남아있어서 팔레스타인을 방문하기만하면 누구든 볼 수 있다.

요한복음 기록을 이해하는 데에 있어서 특별히 관심을 가질 만한 유대 매장 풍습의 또 다른 한 부분이 있다. 예수님의 부활에 대한 책들 중 가장 유익한 책 중 하나는 1901년 헨리 래덤(Henry Latham)이 쓴 The Risen Master이다. 저자는 수년 전 콘스탄티노플에 머무는 동안 알게 된 중동 매장 방식의 독특한 점에 주의를 환기시킨다. 저자에 따르면 그가 지켜본 장례식들은 가난하게 살았던 사람을 위한 것인지, 아니면 부하게 살았던 사람을 위한 것인지에 따라서 여러 가지 면에서 다양하게 치러졌다. 그러나 한 가지 부분에 있어서만은 모든 방식이 동일했다.

래덤은 시체를 아마포 천으로 감쌀 때 꼭 얼굴과 목과 어깨 윗부분은 싸지 않은 채 그대로 둔다는 사실을 알게 되었다. 머리 윗부분은 마치 터번을 씌워둔 것처럼 수건을 말아서 덮었다. 래덤은 매장 풍습이 거의 변하지 않는 것이라는 점과 특히 중동이라는 지역적 특성 때문에 이러한 방식의 매장은 예수님 당시에도 충분히 행해졌을 것이라고 결론을 지었다. 요한이 복음서에서 세마포와 머리를 싼 수건을 언급한 것과 이러한 방식이 잘 맞아떨어진다는 점은 자신의 결론을 훨씬 더 뒷받침 한다고 주장했다.

이 논지를 뒷받침하는 증거가 더 있다. 누가는 예수님이 그분의 사역 초반 나인 성에 가시다가 성을 나오는 장례행렬과 마주쳤다고 기록한다. 한 과부의 외아들이 죽었던 것이다. 누가는 예수님이 그 죽은 아들을 살리실 때 두 가지 일이 있었다고 말한다. 첫 번째는 그 젊은 아들이 앉았다는 것이다. 즉, 그는 관 없이 상여에 그의 등을 대고 앉아있었다. 두 번째는 그가 바로 말했다는 것이다. 다시 말해 세마포가 그의 얼굴을 덮고 있지 않았다. 죽었던 나사로의 경우에도 머리와 몸이 따로 덮여있었다는 사실을 알 수 있다 (요 11:44).

아리마대 요셉과 니고데모가 이와 비슷한 방법으로 예수 그리스도를 장사지냈다고 믿을 만한 이유들은 충분히 있다. 예수님의 시체는 유대인의 안식일이 시작되기 전에 십자가에서 내려져 씻기고 세마포로 싸였다. 백 리트라(약 34kg-역주) 정도 되는 향품을 싸인 세마포 틈 사이로 조심스레 넣었다. 이 때 향품은 알로에, 고운 톱밥과 한 데 섞은 아로마 나무 분말, 몰약, 향나는 나무진 등을 잘 섞어서 만들었다. 예수님의 몸은 세마포로 싸였다. 그분의 머리, 목, 어깨 윗부분은 싸이지 않은 채로 두었고 또 다른 천으로 시신의 머리 주변을 터번과 같이 감았다. 그 후 시신은 무덤 안에 안치되고, 그 곳에서 토요일 밤 혹은 일요일 이른 아침 어느 시점까지 그대로 있었다.

3. 부활

예수님이 죽음으로부터 일어나시는 순간 우리가 그 자리에 있었다면 무엇을 보았을까? 예수님이 뒤척이며 눈을 뜨고 자리에 앉아 묶인 천을 풀고 빠져나오기 위해 안간힘을 쓰기 시작하는 모습일까? 전혀 그렇지 않다. 그랬다면 소생이지 부활이 아니다. 그랬다면 마치 기절한 상태로부터 깨어나는 것 같은 모습이었을 것이다. 그랬다면 육신의 몸으로 살아나신 것이지 신령한 몸으로 살아난 것이 아니다. 성경의 증언은 그렇지 않다.

만약 우리가 부활 사건의 현장에 있었다면 아마도 두 가지 중 하나를 보았을 것이다. 예수님의 몸이 순간 사라지는 것처럼 보였거나, 아니면 나중에 잠긴 문을 통과하여 제자들에게 나타나셨듯이 세마포 천을 통과하여 봉인된 무덤을 나오시는 모습을 보았을 것이다. 존 스토트 (John Stott)는 그분의 몸이 "새롭고 이전과는 다른 놀라운 형체로 변화하여 증발했다(vaporized)"고 말한다.[1] 래덤은 그분의 몸이 "변화 산에 나타났던 모세와 엘리야와 같은 형체로" 변하여 "공기처럼 빠져나왔다(exhaled)"고 말한다.[2]

그러고 나서 어떤 일이 발생했을까? 예수님이 나가시자 그분을 싸고 있던 세마포가 향품의 무게를 이기지 못하고 푹 꺼졌을 것이다. 예수님이 누워계시던 그 자리에 아무도 손대지 않은 그대로 보존이 되어있었을 것이다. 머리를 싸고 있던 천은 머리 부분이 오목한 채로 몸을 싸고 있던 세마포와 주님의 목과 어깨 부분만큼의 공간을 두고 서로 떨어져 있었을 것이다.

물론, 요한이 베드로와 함께 무덤에 들어갔을 때 보았다고 말하고 있는 바가 바로 이러한 장면이다. 목격한 사실에 대한 기록이 이를 정확히 나타낸다. 새벽하늘이 아직 어슴푸레할 무렵 요한은 무덤에 왔고 시신을 싼 세마포를 보았다. 놓인 세마포에는 주의를 끄는 무언가가 있었다. 그 자

---

[1] John R. W. Stott, *Basic Christianity* (Grand Rapids: Eerdmans Publishing Company, 1958), 52.

[2] Henry Latham, *The Risen Master* (Cambridge: Deighton Bell, 1901), 36, 54.

리에 그대로 놓여있었다는 사실이 큰 의미가 있었다. 요한은 이 사실을 기록하면서 "놓인"이라는 단어가 강조되게끔 하는 문장을 썼다. 문장을 있는 그대로 번역하자면 이렇다. "그가 본 것은, 바로 그곳에 놓인, 세마포였다'(요 20:5).

더욱이 세마포는 흐트러져있지 않았다. 여기서 요한이 사용한 단어(*keimena*)는 헬라 파피루스 문서에서 어떤 대상이 순서대로 흐트러지지 않고 조심스레 놓인 상태를 표현할 때 사용되었다. 법률문서에 대해 기록한 어떤 문서는 이 단어를 사용하여 "내가 수집 한 것도 아닌데 그 문서들은 순서대로 놓여있었다"라고 표현했다. 또 다른 한 문서는 이 단어로 옷가지들이 "당신이 전갈을 보내기 전까지는 그대로 (순서대로) 놓여있다"라고 표현했다. 분명 요한은 무덤에 놓인 세마포가 누구도 손대지 않은 채 정돈된 채 놓여있음을 본 것이다.

베드로는 바로 이 시점에 도착하여 무덤에 들어갔다. 요한이 본 것을 베드로도 보았지만 그가 놀란 것은 다른 이유 때문이었다. 머리를 쌌던 천이 세마포와 함께 놓여있지 않고 따로 떨어져 있었던 것이다(요 20:7). 더 놀라운 것은 그 천이 둥근 모양을 그대로 유지하고 있었다는 점이었다. 요한은 그 천이 한데 "쌌던 대로 놓여있더라"고 기록한다(요 20:7). 말하자면, "둥글게 그대로 감겨" 있었다. 그리고 그 천과 몸을 쌌던 세마포 사이에는 빈공간이 있었다. 요한이 그것을 보았을 때, 그는 믿었다.

나는 요한이 다음과 같이 설명하지 않았을까 상상해본다.

> 이것 좀 보게, 베드로. 아무도 시체를 옮기거나 세마포를 건드리지 않았네. 안식일 전날 니고데모와 아리마대 요셉이 장사하고 놓아둔 그대로라네. 그런데 시체는 사라졌어. 절대로 누군가 훔쳐갔거나 옮긴 것이 아니라면, 명백히, 우리가 지금 이 천들을 보는 바와 같이, 시체가 천을 통과하여 빠져나갔다는 것이 분명하네. 예수님께서 살아나신 걸세.

스토트는 이렇게 말한다.

> 이 천들이 보여주는 광경은 부활의 현실을 증명하고 부활의 속성을 나타낸다.[3]

이러한 증거에 비추어볼 때 부활절 아침에 일어난 사건에 대한 믿지 않는 자들의 설명이 얼마나 어리석은가? 어떤 비평가들은 예수님의 시신이 도난당했다고 가르친다. 그러

---

3 John R. W. Stott, *Basic Christianity*, 55.

나 이 경우 세마포의 모습은 설명할 수가 없다. 또 다른 이들은 예수님이 무덤에서 소생하여 몸에 감긴 세마포를 풀고 탈출했다고 가르친다. 그러나 이 경우라면 세마포가 옮겨져 있었어야 한다. 만에 하나 예수님이 그 천들을 다시 제자리에 두고 어떤 방법으로 돌을 옮겼다고 가정한다 하더라도, 세마포 틈에 넣었던 향품에 대한 문제가 여전히 남아있다.

예수님이 일어나 이런 일들을 하는 사이에 무덤 안에는 향품들이 흩어져 있어야하기 때문이다. 복음서는 이에 대해 최소한의 증거도 제시하지 않는다. 위 설명들 중 어느 것도 정황을 제대로 설명하지 못한다. 제자들이 모든 절차를 지켜보았다. 그러나 예수님의 시신은 사라졌다. 그분은 정녕 살아나셨다. 그분은 부활의 몸으로 살아나셨다.

4. 요한이 믿은 것

하나님은 예수 그리스도께서 죽음에서 부활하신 것에 대한 적절한 증거를 더할 나위 없이 제공하셨다. 예수님 부활의 날과 하늘에 오르신 날 사이에 그분을 보았다는 증언들, 빈 무덤, 제자들의 성품이 변화한 사실, 기록의 신빙성, 흐트러짐 없이 발견된 예수님을 쌌던 세마포가 바로 부활의 증거를 구성한다. 무덤에 증거가 남아있었고, 남겨진 세마포 하나만으로도 요한이 믿음을 갖기에는 충분했다. 만약 사람들이 믿음을 갖는 데에 실패한다면, 그것은 그들이 믿음을 가질 의지가 없기 때문이지 증거가 부족하기 때문이 아니다.

하나님은 사람들이 아무 증거 없이 그냥 믿기만을 바라지 않는다. 만약 어떤 사람들이 증거를 보았다고 하자. 그들이 보고서도 믿지 않는다면 그것은 자신의 삶을 그리스도께 굴복시키기고 그분을 주님으로 모시길 그들이 원치 않기 때문이다. 만약 예수님이 오늘 다시 오신다면 수백만 명이 그분을 거부할 것이다. 만약 예수님이 이전처럼 여기서 동일한 주장을 한다면 지금도 예수님을 죽음으로 내몰며 정죄할 이들은 많을 것이다. 만약 예수님이 다시 죽음에서 부활하신다면 많은 이들이 비웃으며 사기라고 매도할 것이다.

하지만, 동시에, 믿는 이들 역시 있을 것이다. 믿는 자는 증거를 보고 성령을 통해 하나님이 그들을 이끄시는 대로 그 증거에 반응하는 자들이다. 이러한 사람들은 그들의 믿음이 희망적인 생각에 달린 것이 아니라 하나님의 능력과 눈에 보이는 실제적 활동에 달려있다는 사실을 아는 자들이며, 그 하나님을 아는 지식은 그들에게 참 위안을 줄 것이다.

베드로와 요한이 무덤에서 겪은 일들은 주님의 몸이 영화롭게 되었다는 사실을 나타낸다. 육의 몸으로 심겨진 육체가 신령한 몸으로 다시 산 것이다. 이 몸으로 예수님은 하나님 우편에 앉아서 심판으로 다시 오실 그날까지 자기 백성을 위해 중보하시며 영광 가운데 기다리고 계신다. 우리가 오늘날 예수님을 생각할 때 역사 속의 연약한 예수님을 떠올릴 필요가 없음에 하나님을 찬양하자! 예수님은 죽으셨다. 그러나 그것은 모두를 위한 단 한 번의 죽음이었다. 그분은 괴롭힘 당했고 침 뱉음 당했으며 저주를 받았지만 이제 더 이상 그런 일은 절대 반복되지 않을 것이다.

예수님을 그저 십자가에 달린 한 인물로 생각하는 사람들이 있다. 어떤 이들은 예수님에 대한 마음 속 이미지를 떠올릴 때 겟세마네 동산에서 기도하는 인물이나 선을 행하기 위해 고뇌하는 인물로서의 예수님을 그린다. 그러나 이러한 이미지 중 어느 하나도 오늘을 사는 사람들에게 정확한 그림을 전달하지 못한다.

바울은 다메섹으로 가는 길에 주님을 만났다. 그러나 그분은 미천한 신분의 예수님이 아니었다. 그분은 사도 바울의 눈을 멀게 할 만큼 찬란한 빛으로 둘러싸인 영화로운 주님이었다. 요한은 교회를 상징하는 촛대 사이를 다니시는 살아계신 승리의 주님을 보았다. 오늘날 우리는 전능하신 주님, 영화로우신 주님께 기도한다. 어느 날 이 주님께서 그분의 소유된 자들을 모아 함께 영광가운데 거하게 하시기 위해 다시 오실 것이다.

끝으로 예수님의 육체가 신령한 몸으로 변화했다는 사실은 모든 신자들에게 해당하는 생명의 새로운 형태가 있음을 가르쳐준다. 그분은 첫 열매이다. 뒤이은 수확물인 우리는 삶에 있어서 그분의 형상을 닮아갈 뿐 아니라 우리 육체에 있어서도 그분과 같이 될 것이다. 우리 부활의 몸은 현재 가지고 있는 몸보다 훨씬 나을 것이다. 우리 몸은 우리를 구속한다. 우리 몸은 우리를 이 땅에 묶어두고 습관에 묶어두고 우리의 부모로부터 물려받은 기질에 묶어둔다.

우리 몸은 생각의 과정을 더디게 하며 피곤함을 느낄 때면 우리를 잠 속으로 휩쓸어가 버린다. 결국에 몸은 죽는다.

그러나 우리에게 죽음은 유익이다. 부활의 몸은 우리를 구속하지 않을 것이다. 부활하신 그리스도의 몸은 변화할 우리 몸의 모범이다. 그리고 그 몸은 예나 지금이나 완전히 그분 의지의 영향 아래 있다. 부활의 몸은 그분을 구속하지 않았다. 그분을 자유롭게 했다. 그 몸 가운데 거할 때 어떤 아픔도 고통도 결핍도 없었다. 우리에게도 그러한 자유가 있을 것이다. 어떤 결핍도 없을 것이다. 무한한 시간과 무한한 섬김의 기회만이 있을 것이다.

드와이트 무디(Dwight L. Moody)가 부활절에 관해 했던 위대한 설교 가운데 열다섯 살 정도의 나이에 몸의 한쪽이 완전히 마비되고 시력을 거의 잃어 갑작스레 침대에서 고통의 날을 보내게 된 한 영특한 소녀에 대한 이야기가 있다. 소녀는 거의 볼 수 없었지만 들을 수는 있었다. 아이가 침대에 누워있던 어느 날 주치의가 침대 옆에 서서 부모에게 하는 말을 듣게 되었다. "그래도 아이가 자기 최고의 날들을 지금까지 봤으니…" 다행스럽게도 소녀는 믿음이 있는 아이였고 의사의 말에 재빠르게 대답했다. "아니요, 아직 내

최고의 날은 아직 오지 않았어요. 제가 그분의 아름다움 가운데에서 그 왕을 볼 거예요." 그녀는 부활에 자신의 소망을 두었다.

우리의 소망 역시 이것이다. 삶이 절망적일 수 있다. 고통이 온 현실을 뒤덮고 있을 수 있다. 그러나 우리는 분명한 확신을 갖고 부활이신 그분의 능력을 통한 최후의 구원을 기다린다.

7장

믿음이 사그라졌던 그날

　예수 그리스도 부활 이후의 날을 사는 우리 같은 사람들에게는 절대 가능하지 않은 몇 가지가 있다. 그 중 하나는 주님의 십자가 사건 이후 제자들 마음속에 자리 잡았던 것과 같은 완전한 낭패감, 암울함, 절망감을 경험하는 것이다. 우리는 예수님이 다시 사신 것을 알고 있다. 따라서 우리가 환멸과 의심의 어두운 시기를 통과하고 있다 하더라도 부활의 지식이 우리를 살아가도록 보존한다. 그리고 우리는 절대 완전히 좌절하지 않는다. 초기 제자들이 갔던 길과 같은 길을 가지 않는다는 것이다. 그들은 그리스도의 부활이 임박했다는 것을 들었지만 이해하지 못했다. 그래서 예수님이 돌아가셨을 때, 어떤 측면에서는 그들 역시도 죽었다고 생각된다.

1. "나는 믿지 않을 것이다."

내가 제자들의 죽음에 대해 말할 때, 그것은 있는 그대로 육신의 죽음을 일컫는 것이 아니다. 그들이 그렇게 알고 있었듯이 나는 그들의 삶이 끝났다는 말을 하는 것이다. 3년 동안 남녀 할 것 없는 수많은 무리가 예수님의 설교사역의 여정을 따라다녔다. 나중에 어찌되었건 만약 그들이 믿음을 가지고 있었다면 그들의 믿음은 전적으로 그분을 향한 것이라 말하는 것이 마땅하다. 그들은 그분 말씀의 많은 부분을 제대로 이해하지 못했다. 그러나 그들은 이해하려고 노력했고, 이해한 부분은 믿었다. 그런데 예수님께서 돌아가셨을 때는 그들의 믿음 역시 소멸되었다. 예수님께서 그들을 제자로 부르시기 전 그들이 머물던 삶의 터전으로 뿔뿔이 흩어져 돌아감으로써 자신들의 믿음이 끝난 것을 증명하기 시작했다. 여인들은 집으로 돌아갔다. 글로바와 마리아는 자신의 마을로 돌아갔다. 다른 이들은 갈릴리로 돌아간 것으로 보인다. 제자들은 그리스도 부활 사건에 대한 확신을 가지고 있었음에도 불구하고 뿔뿔이 흩어졌다. 일찍이 그들은 훌륭한 증언을 한 적이 있다.

주는 그리스도시요 살아계신 하나님의 아들이시니이다
(마 16:16).

우리가 주는 하나님의 거룩하신 자이신 줄 믿고 알았사옵나이다
(요 6:69).

그러나 십자가 사건과 부활 사이에 그들의 믿음은 과거가 되어버렸다. 한 번 믿었던 적이 있었지만 이제 끝났다. 믿음은 이제 사그라졌다.

십자가 사건이 일어나기 전 마지막 며칠 동안 예수님께 깊이 몰두했던 이들 가운데 의심 많은 제자라고 알려진 도마만큼 극적인 믿음의 소멸을 생생하게 보여주는 인물도 없다. 그에 대해서 많이 알려져 있지는 않지만 그가 어떤 일들에 대해 매우 냉철한 평가를 내리는 성향을 가진 인물임은 분명하다. 한 번은 예수님이 베다니에 사는 친구 나사로의 병환과 죽음으로 인해 예루살렘 근방으로 가시고자 하는 의도를 내비치셨다. 그 때 도마는 단호하게 말했다. "우리도 주와 함께 죽으러 가자"(요 11:16). 그 후 또 한 번은 다락방에서 예수님이 공언하셨다. "내가 어디로 가는지 그 길을 너희가 아느니라"(요 14:4). 그러자 도마가 반박했다. "주

여 주께서 어디로 가시는지 우리가 알지 못하거늘 그 길을 어찌 알겠사옵나이까"(5절).

도마는 믿음이 없지 않았다. 누구도 도마를 그렇게 폄하하지 않을 것이다. 그는 아마도 다른 제자들만큼이나 예수님을 믿었을 것이다. 그러나 그의 믿음은 최소한 증거를 정확하게 평가하여 결론에 이르는 꽤나 냉정한 믿음이었다.

그의 성격에 비추어 본다면 첫 부활의 날 이미 부활하신 주님을 만난 다른 제자들을 통해 그 소식이 도마에게 전해졌을 때 그가 했던 말은 전혀 놀랄만한 반응이 아니다.

> 내가 그의 손의 못 자국을 보며 내 손가락을 그 못 자국에 넣으며 내 손을 그 옆구리에 넣어 보지 않고는 믿지 아니하겠노라 (요 20:25).

나는 이 진술을 읽을 때 말 속에는 포함되어있지 않지만 행간에 담겨진 생각들이 들려오는 것 같은 느낌이 들었다. "내가 누누이 말하지 않았는가? 이 일이 이 꼴로 끝나버릴 거라고 자네들에게 그렇게 말하지 않았나? 주님이 나 도마의 말을 듣고 적들이 우글거리는 소굴에 뛰어들지 않았다면 그분의 처지가 훨씬 나았을 걸세."

우리는 이 제자를 "의심 많은 도마"라고 부른다. 그러나 정확히 말하자면 그는 이 시점에서 의심하는 자가 아니었다. 그는 전면적인 불신자였다. 알렉산더 맥클라렌(Alexander Maclaren)은 그에 대해 이렇게 썼다.

> 빈틈없음, 솔직함, 완강한 불신, 주저하거나 의심 없는 마음, 이러한 것들이 그의 태도였다. 요구조건을 늘어놓는 그러한 진술 유형은 얼마나 마음의 불신에 집착하고 있는지와 얼마나 그의 요구가 이루어질 것에 대해 조금의 기대조차 하지 않는지를 보여준다. "내가 이러이러한 것을 해보지 않는 한 절대 하지 않을 거야"라는 구문은 "내가 이러이러한 것을 한다면, 할 거야"라는 구문이 뜻하는 바와 완전히 다른 영적 태도를 나타낸다. 후자가 설득되고자 하는 의지의 표현이라고 한다면, 다른 하나는 완강한 고집의 표시라 할 수 있다.[1]

이러한 태도는 그리 추천할 만한 태도가 아니지만 일반적인 태도이다. 모든 제자들에게 이러한 태도가 있었다. 부활 전에는 말이다.

---

1 Alexander Maclaren, *Exposition of Holy Scripture*, vol. 7. Gospel of John (Grand Rapids: Eerdmans, 1959), Part 3. 321.

2. "우리는 한 때 소망이 있었다"

제자들 마음속에서 사그라진 것은 믿음뿐만이 아니었다. 소망 또한 사그라졌다. 한 때 그들에게는 위대한 소망이 있었다. 하지만 그 모든 것이 십자가와 함께 어디론가 휩쓸려 가 버렸다.

소망이 사그라진 것에 대해 가장 슬프게 표현한 부분은 누가복음 24:21에 기록된 엠마오로 가는 제자들의 고백이다. 물론 이들에게는 전혀 과장되지 않은 솔직한 표현이었다. 다른 이들과 마찬가지로 (글로바와 그의 아내 마리아라고 보이는) 이 두 제자는 메시아가 이 땅을 통치하는 날이 오길 기다렸다. 예수님이 바로 그 메시아라고 생각했고 영광스런 메시아 왕국이 과연 어디일까 하며 예수님을 따라다녔다. 그런데 지금 상상도 할 수 없는 일이 일어나고야 만 것이다. 그분은 죽었고 그들의 소망도 그분과 함께 소멸되어버렸다. 그들의 생각은 극심한 좌절로 뒤덮여서 예수님이 엠마오 도상의 그들에게 다가오셔도 알아보지 못할 정도로 어두워졌다. 무슨 이야기를 나누는지 그리고 왜 슬퍼하는지 주님이 물어보시자 그들이 대답했다.

> 당신이 예루살렘에 체류하면서도 요즘 거기서 된 일을 혼자만 알지 못하느냐 이르시되 무슨 일이냐 이르되 나사렛 예수의 일이니 그는 하나님과 모든 백성 앞에서 말과 일에 능하신 선지자이거늘 우리 대제사장들과 관리들이 사형 판결에 넘겨 주어 십자가에 못 박았느니라 우리는 이 사람이 이스라엘을 속량할 자라고 바랐노라 (눅 24:18-21).

흥미로운 점은 그들이 "속량"이라는 단어를 사용했다는 점이다. 물론 이 단어가 정확히 주님 예수 그리스도께서 하신 일을 지칭하긴 한다. 이스라엘을 비롯한 그분을 구세주로 믿는 모든 이들을 죄로부터 속량하신 일 말이다. 그러나 이는 그들이 생각했던 바가 아니었다. 그들은 국가적이고 현세적인 메시아의 속량을 기대하고 있었고 바로 이곳에 3년간 예수님의 사역 내내 그들의 소망을 두고 있었다. 하지만 예수님이 죽자 그들이 바라던 나라는 결국 오지 않는다는 사실을 알게 되었다. 부활 전 다른 제자들의 모습이 정확히 이 두 제자와 같았다. 믿음도, 소망도 소멸되었다.

3. 끝까지 남은 사랑

소멸되지 않은 한 가지가 있다. 사랑은 소멸되지 않았다. 참혹히 깨진 환상과 절망의 상태에도 불구하고 그들은 모두 여전히 예수님을 사랑했고 그분에 대한 생각을 멈출 수 없었다. 가장 좋은 예는 바로 막달라 마리아이다.

우리는 막달라 마리아에 대해 자세히 알지 못한다. 그러나 오랜 교회 전승에 의해 더해진 그럴싸한 이야기로부터 우리가 아는 것을 구분해 내는 데에 신중을 기해야 한다. 성경은 마리아를 그리스도의 특별한 은혜를 입은 대상으로, 그리고 예수님을 통해 속에 있던 일곱 귀신이 나간 인물로 그린다. 아무런 그럴싸한 이유 없이 교회 전승은 부유한 바리새인의 집에서 예수님의 발에 향유를 부었던 누가복음 7장에 나오는 이름 모를 죄인을 마리아로 여겼다. 아마도 나중 베다니 마리아가 나사로의 집에서 같은 일을 행한 것 때문에 두 가지 사건을 혼동한 것이 아닌가 생각한다.

이러한 연유로 교회는 마리아가 그리스도로 인해 구원받기 전 창녀였다고 지레짐작해버렸다. 그리고 17세기 무렵에 이르러서는 막달라라는 단어가 회심한 창녀라는 의미로 사용되기도 했다. 우리는 이것이 사실인지 아닌지 모른다. 그러나 분명한 것은 그리스도께서 어떤 심각한 상태로부터 그녀를 구원해주셨고 마리아도 예수님 사랑하기를 배웠다는 사실이다. 예수님은 사함을 받은 일이 많은 자가 많이 사랑한다고 하셨다(눅 7:47). 마리아에게 있어서 이는 사실이다. 그래서 예수님의 사역 초기에 그녀가 자기 소유로 예수님을 섬겼다는 사실을 우리는 성경으로부터 알 수 있다(눅 8:3). 그리고 예수님의 사역 마지막에도 예수님의 몸에 향유를 부음으로써 여전히 예수님을 섬기고자 했음을 발견하게 된다.

사랑, 오직 사랑만이 마리아를 무덤가에 오도록 했다는 사실을 깨닫기 전에는 우리는 결코 그리스도께서 무덤가에 있는 마리아에게 나타나신 이야기를 절대 이해할 수 없다. 다른 제자들이 그랬듯이 마리아도 믿음이 있었다. 소망도 있었다. 그러나 이제 믿음과 소망이 모두 사라졌다. 사랑만이 마리아가 예수님의 시신이 어디 있는지 찾도록 했고 무덤 가까이에 머물도록 했다.

이는 주목할 만한 이야기이다. 먼저, 마리아는 주님의 재판과 십자가 처형 때 예루살렘에 머물렀던, 그래서 주님의 고통을 목격한 여인 무리 가운데 한 사람이었다. 우리는 서로 다른 세 가지 기록을 통해 그녀가 십자가 처형장면을 바라보는 여인 중에 섞여 있었다는 사실을 읽을 수 있다(마 27:55-56; 막 15:40; 요 19:25). 의심의 여지 없이 다른 사건들도 목격했다. "예수를 없이 하라! 예수를 없이 하라! 십자가에 못박아라!"라고 소리치는 군중들의 고함 소리, 빌라도의 재판, 갈보리로 올라가는 행렬, 갈보리에 오르시다가 무거운 십자가 아래 쓰러지시는 예수님, 죽음의 행렬이 계속되기 위해 구레네 사람 시몬에게 그 십자가가 옮겨 지워진 일, 뼛속을 파고드는 긴 못, 끔찍한 외침 ("내가 목마르다," "나의 하나님, 나의 하나님, 어찌하여 나를 버리시나이까?"), 칠흑 같은 어둠, 지진, 주님의 죽음 등 모두 말이다. 마리아는 전 과정을 지켜보았다. 강심장을 가진 장정이라 하더라도 극심한 긴장감 가운데 사로잡혔을 것이다. 도대체 누가 이런 것들을 견딜 수 있는 비위를 가지고 있겠는가? 그런데 마리아는 줄 곳 자리를 지켰다. 무엇이 그녀를 그곳에 붙잡아 두었을까? 분명 호기심은 아니다. 믿음도 아니다. 기적이 일어나길 바라는 소망도 아니다. 마리아는 단지 예수님을 사랑한다는 이유만으로 그곳에 있었고 마지막까지 자리를 떠나지 않았다.

심지어 그 후에도 사랑이 가슴 속에 살아남아 있었다. 예수님이 돌아가셨지만 여전히 그분을 위해 무언가 해드리길 원했다. 마리아는 향품을 사기로 했고 다른 이들도 동의했다. 그들은 유월절 안식일로 상점이 닫기 직전 향품을 샀다. 같은 날 어느 시점에 예수님의 시신이 십자가에서 내려져 아리마대 요셉의 무덤에 서둘러 안치되는 것까지 따라가서 보았다.

먼저 (아마도 금요일로 추정되는 그 해의) 유월절 안식일, 그러고 나서 일반적인 토요일 안식일, 이렇게 안식일이 흘러갔다. 마리아와 글로바의 아내 마리아와 살로메 등을 포함한 여러 여인들이 마지막 의례를 행하기 위해 무덤으로 간 것은 안식 후 다음날인 일요일 아침이었다. 그들은 무덤 굴 입구에 바위가 막고 있는 것을 알았다. 그래서 이렇게 말했다.

> 누가 우리를 위하여 무덤 문에서 돌을 굴려 주리요(막 16:3).

이 상황에 대해 우리는 이런 질문을 할 수 있다. "그러면 그들은 어떻게 시신에 기름을 부을 생각을 했을까?" 사실 그들도 몰랐다. 돌을 옮겨줄 누군가가 그곳에 있겠지 하고 막연한 기대를 가지고 갔겠지만 사실 그 시점에서 그렇게 제정신으로 생각하고 있는 사람은 그들 가운데 없었다. 오직 하나의 관심사는 예수님뿐이었다. 그들은 예수님을 사랑했고 사랑이 그들이 할 일에 대해 아는 전부였다.

무덤에 도착한 그들은 이른 새벽 흐릿한 빛 사이로 돌이 옮겨졌다는 사실을 알게 됐다. 그들이 하고자 했던 일이긴 했지만 사실 기대했던 바는 아니었다. 멈춰 서서 이제 어떡하나 머리를 맞대었다. 결국 예수님의 제자 베드로와 요한이 꼭 알아야 한다는 결론을 내렸다. 제자들에게 말하러 가는 일에 마리아가 뽑혔거나 자원해서 달려갔다. 그녀가 간 동안 (그래서 모르는 사이에), 나머지 여인들은 무덤에 다가가 천사를 보고 그로부터 메시지를 들었다.

> 그가 여기 계시지 않고 그가 말씀 하시던 대로 살아나셨느니라 와서 그가 누우셨던 곳을 보라(마 28:6).

여인들은 이 말을 듣고 놀라 메시지를 전하기 위해 급히 떠났다. 그들이 떠난 이내 베드로와 요한이 마리아의 메시지를 듣고 무덤으로 달려왔다.

그러면 마리아는? 마리아는 어떻게 되었나? 베드로와 요한이 마리아를 남겨두고 무덤으로 갔다. 하지만 그런 것은 그녀에게 전혀 문제가 되지 않았다. 마음에 예수님만이 있었기 때문이다. 아주 당연하게 그녀는 다시 한 번 무덤으로 향했다.

이 여인이 느끼고 있었던 긴장감이 어떤 것인지 짐작할 수 있겠는가? 세상에서 가장 사랑하는 분이 잡혀가서 참혹하게 처형당하는 것을 직접 보았다. 그래서 그 시신에 약간의 마지막 의례라도 행하고자 마음을 먹었는데 그마저도 좌절되었다. 적어도 일시적으로 말이다. 마리아는 오랜 시간이 걸릴법한 성읍과 무덤 사이를 새벽녘 어둠을 뚫고 왔다 갔다 했다. 이제 다시 베드로와 요한과 다른 여인들을 찾아 무덤에 도착했다. 모두들 그 자리에 없었다. 혼자였고 완전한 적막이 흘렀다. 그녀가 감정적으로 감당할 수 있는 한계를 넘어서는 순간이었다. 터져 나오듯 흐느끼기 시작했다. 의심할 여지없이 십자가 현장에서도 그리고 그 후 며칠 동안도 울었을 것이다. 어떻게 마리아의 눈에서 나올 눈물이 더 있었는지 신기할 정도이다. 하지만 눈물은 하염없이 흘렀다. 그래서 무덤 안을 바라보는 두 눈에는 눈물이 가득 고여 있었다. 그 눈으로 천사들을 보았다.

> 여자여 어찌하여 우느냐 이르되 사람들이 내 주님을 옮겨다가 어디 두었는지 내가 알지 못함이니이다(요 20:13).

마리아의 응답을 들으면서 중요한 부분을 놓치지 않았는가? 마리아는 여기 있었던 다른 여인들처럼 천사를 보고도 놀라지 않았다. 아마도 자신이 본 것이 천사라는 사실을 알아채지도 못했던 것 같다. 그녀의 머릿속에는 주님의 시신에 대한 생각뿐이었다. 여전히 믿음과 소망은 없었다. 하지만 그녀는 예수님을 사랑했다. 그래서 지금 시신이 없어지자 더 이상 무덤에도 천사들에게도 관심이 없었다. 바로 이때 마리아는 뒤로 돌이켜 예수님께서 서 계신 것을 보았다(14절).

4. "랍오니"

말을 건네는 예수님의 음성을 들은 후에도 마리아는 예수님을 알아보지 못했다. 나중에 예수님이 엠마오로 가는 제자들에게 나타나셨을 때에도 그들은 예수님을 알아보지 못했다. 그런 점에서 아마도 예수님의 모습이 어느 정도 변했다고 상상할 수 있다. 게다가 마리아는 똑똑히 보고 있지 않았다. 분명 부활에 대해서는 생각조차 하고 있지 않았다.

> 여자여 어찌하여 울며 누구를 찾느냐?(요 20:15).

예수님의 음성이었지만 마리아는 알아듣지 못했다. 자신에게 말하는 이가 그저 동산지기이겠거니 생각했다. 다음에 등장하는 마리아의 대답은 분명 문학 작품에 등장하는 가장 감동적인 문장 가운데 손꼽힐 만한 것이었다.

> 주여 당신이 옮겼거든 어디 두었는지 내게 이르소서 그리하면 내가 가져가리이다(요 20:15).

도날드 그레이 반하우스(Donal Grey Barnhouse)는 마리아의 이 같이 가슴 저미는 대답에 대해 이렇게 묘사했다.

> 마리아는 아직도 돌아가신 주님의 시신을 생각하고 있었다. 그녀는 삼일 밤낮 동안을 흐느껴 울었다. 여전히 조금 밖에 남지 않은 눈물을 흘리고 있었지만 그 마음은 텅비어버린 듯 했다. 말할 수 없는 비통함의 시간을 지나왔고 오랜 시간 잠 한숨 자지 못했다. 그녀는 무덤과 성읍 사이를 두 번이나 왕복했고 이제 세 번째 무

덤가에 나왔다. 그리고는 지금 자신이 장정의 시신을 직접 가져가겠다고 말하고 있는 것이다. 그 시신은 남자 한 사람의 무게에다가 백 근에 해당하는 몰약과 침향을 합한 무게의 시신이었다. 성경은 니고데모가 백 근에 해당하는 향품을 바르고 그것과 함께 시신을 세마포로 쌌다고 말씀한다(요 19:39). 마리아가 지금 전혀 생각하지 않고 제안하고 있는 것은, 예수님의 몸무게가 가벼운 편이었다 하더라도, 시신과 세마포와 향품의 무게를 모두 합한 엄청 무거운 무게를, 즉 힘센 남자들도 감당하지 못할 만한 무거운 시신을 직접 운반하겠다고 말하고 있는 것이다. 그러나 마리아는 이러한 사실을 전혀 생각하지 않았다. 왜냐하면 예수 그리스도를 사랑했기 때문이었다. 그녀의 믿음과 소망이 모두 사그라졌지만 그녀의 사랑만은 강했다. 이 장면이야 말로 인간적 혹은 신적 관점을 막론하고 모든 문학 중 가장 위대한 인물 묘사로 손꼽힐 만한 부분이다. 바로 이 장면에 선한 여인의 마음이 묻어나온다. 여기에 사랑이 있다. 불가능하지만 드리고자 하는 것을 드리는 사랑이 여기에 있다.[2]

바로 그 시점에서 마리아는 분명 그리스도를 등지고 있었을 것이다. 나중에 그분이 이름을 부르신 후에야 돌아섰다는 사실을 말씀을 통해 알 수 있다. 요지는 마리아가 "동산지기"에게는 전혀 관심조차 없었다는 점이다. 그저 비탄

---

[2] Donald Grey Barnhouse, "The voice of the Risen Christ" in *First Things First* (Philadelphia: Evangelical Foundation, 1961), 57.

과 혼란 속에서 다시 사신 그분께 시신을 가져다 달라고 요구했다. 하지만 그 마음은 여전히 주님 앞에 신실했다. 그랬기 때문에 예수님의 시신을 마지막으로 보았던 무덤을 향해 다시 돌아서 있었다.

"마리아야."
"랍오니 (선생님)!"

자신의 이름을 부르는 그분의 똑똑한 말투를 듣는 순간 마리아는 그리스도를 향해 다시 돌아섰다. 그 자리에 서 있는 그분을 그저 동산지기로만 생각했을 때에는 그분에 대해 전혀 관심이 없었다. 그런데 지금 예수님의 입술을 통해 그녀의 이름이 불렸다. 마치 양 떼가 이름으로 자기를 부르는 목자의 음성을 아는 것처럼 그녀 역시 예수님을 알아보았고 기쁨으로 응답했다. "선생님!" 그 순간 마리아는 자기 자신의 부활을 경험했다. 다시 태어난 것이다. 믿음의 심장이 멈춰버렸었는데 무덤에서부터 생명의 박동이 다시 뛰기 시작했다. 소망이 수증기처럼 증발해버렸었는데 지금 그 수증기들이 다시 예수님을 향해 모여들고 있었다.

5. 그 중에 제일

어쩌면 당신은 예수 그리스도께 이 세 가지 중 어느 것도, 믿음도, 소망도, 사랑도 가져본 적이 없는 사람일지도 모르겠다. 어쩌면 당신은 절대 믿을 수 없다고, 소망을 가질 이유가 전혀 없다고, 어떻게 그분을 사랑할 수 있는지 이해할 수 없다고 말할지 모른다. 만약 당신이 이런 사람이라면 나는 사랑부터 시작해보라고 권하고 싶다. "하지만 어떻게 사랑할 수 있는가?" 만약 이렇게 묻는다면, 나는 이렇게 대답할 것이다. "그분을 사랑하는 방법은 그분이 당신을 사랑하신다는 사실을 아는 것이다"라고 말이다. 그 사랑은 당신을 위한 죽음으로 나타났다. 더 나아가 이 사건을 통해 그분의 사랑이 전적으로 당신 것이 되었다. 로마서는 이렇게 말씀한다.

> 우리가 아직 죄인 되었을 때에 그리스도께서 우리를 위하여 죽으심으로 하나님께서 우리에 대한 자기의 사랑을 확증하셨느니라 (롬 5:8).

예수님의 죽음에 주목하기가, 그래서 그분을 사랑하기가

힘드십니까? 만약에 그 죽음에 진정으로 주목하고 반응하기 시작한다면 (어떻게 반응하지 않을 수 있겠는가?) 그 일은 거기서 끝나지 않을 것이 분명하다. 확신하건대, 당신을 부르는 예수님의 음성을 듣게 될 것이다. 그리고 그 때 그분을 알아보고 기쁨으로 "선생님!"하고 대답하게 될 것이다. 이 순간 당신 안에 믿음이 탄생하고 소망이 승리를 거두게 될 것이다. 당신은 영원히 그분의 것이 될 것이다.

마찬가지로 이미 그리스도인인 이들에게도 적용점이 있다. 당신은 이미 그리스도를 믿어왔고 그래서 그분을 사랑한다. 당신의 소망의 근거가 그분 안에 있다. 하지만 시시때때로 삶에 비극이 찾아와 믿음과 소망이 모두 요동치는 순간이 거의 우리 모두에게 있다. 가까운 친구나 사랑하는 사람의 죽음이 당신을 뒤흔들 수 있다. 고난이 당신을 뒤흔들 수 있다. 심지어 엄청나게 나쁜 소식도 당신을 뒤흔들 수 있다. 상황은 당신을 혼란스럽게 하고, 그럴 때마다 당신의 믿음이 사실이기는 한 것인지, 미래에 대한 소망이 현실적이기는 한 것인지 의심하곤 한다. 당신이 이와 같다 하더라도 절대 절망하지 마라. 많은 이들이 이 같은 일을 겪어왔다. 절망하는 대신 그리스도를 향한 당신의 사랑이, 상황에 절대 좌우되지 않는 그리스도를 향한 사랑이 피어나도록 마음을 열라. 그분 가까이 나아가라. 그러면 믿음과 소망까지도 자라게 하는 그 달콤한 교감이 어떤 것인지 알게 될 것이다. 당신의 믿음과 소망이 사랑과 같은 방향으로 계속해서 나아가도록 하는 법을 배울 것이다.

믿음, 소망, 사랑! 이 세 가지!

> 그 중의 제일은 사랑이라(고전 13:13).

8장

어찌하여 울고 있느냐?

눈물 흘리는 것 자체에 대해 예수님이 반대하시거나 우는 여자 보기를 싫어하시거나 하는 것은 절대 아니다. 일찍이 예수님 자신도 우신 적이 있다. 그리고 십자가 현장에서 울면서 그분을 따르는 여인을 향해 자신과 자녀들을 위해 울라고 말씀하시기도 했다. 우리 주님의 삶 가운데 가장 장엄함 순간을 꼽으라면 오늘날 우리가 종려주일이라 부르는 날 예루살렘으로 승리의 입성을 하시는 가운데 성을 보시고 비통의 눈물을 흘리시는 장면을 꼽을 수 있다. 모두가 기뻐한 순간이었다. 특히 제자들에게는 그 날이야 말로 그토록 기다려왔던 날이 아닐 수 없었다. 그들의 생각 속에서 예수님은 이제 마침내 왕관을 쓰시고 하나님의 거룩한 성을 다스리실 것이 분명했다. 이제 곧 로마인들을 몰아내실 차례였다. 그런데 그 대신, 예수님은 우셨다. 애도하셨다.

> 이르시되 너도 오늘 평화에 관한 일을 알았더라면 좋을 뻔 하였거니와 지금 네 눈에 숨겨졌도다. 날이 이를지라. 네 원수들이 토둔을 쌓고 너를 둘러 사면으로 가두고 또 너와 및 그 가운데 있는 네 자식들을 땅에 메어치며 돌 하나도 돌 위에 남기지 아니하리니 이는 네가 보살핌 받는 날을 알지 못함을 인함이니라(눅 19:42-44).

그 후에 예수님은 여인들에게 이렇게 말씀하신다.

> 예루살렘의 딸들아 나를 위하여 울지 말고 너희와 너희 자녀를 위하여 울라 보라 날이 이르면 사람이 말하기를 잉태하지 못하는 이와 해산하지 못한 배와 먹이지 못한 젖이 복이 있다 하리라. 그 때에 사람이 산들을 대하여 우리 위에 무너지라 하며 작은 산들을 대하여 우리를 덮으라 하리라 푸른 나무에도 이같이 하거든 마른 나무에는 어떻게 되리요(눅 23:28-31).

그렇다. 예수님은 우는 것에 반대하시지도, 여자의 눈물에 지나치게 괴로워하시지도 않았다. 부활하신 예수님께서 "어찌하여 울고 있느냐"라고 말씀하신 것은 눈물을 흘리는 위의 두 장면의 시점과 빈 무덤이 있는 동산 장면의 시점 사이에 큰 변화가 있었기 때문이다. 모든 것이 변했다. 죽었던 예수님이 지금 사셨다! 그분이 예언하셨던 것처럼 다시 살아나셨다.

1. 가슴에 사무치는 이야기

안식 후 첫날 예루살렘에 머물며 십자가 사건을 목격한 여인들은 예수님의 시신에 향품을 바를 생각을 갖고 아리마대 요셉의 무덤으로 갔다. 무덤이 돌로 봉해져 있다는 사실도 알았다. 사실 이것이 문제였다. 그러나 무덤에 도착했을 때 그 돌이 굴려져 있었다는 것을 발견하고는 그 소식을 베드로와 요한에게 알리기 위해 막달라 마리아를 보냈다. 마리아가 간 사이에 남은 여인들은 무덤에 다가갔고 천사를 보았다. 그리고는 천사의 명령 따라서 예수님께서 죽음에서 부활하셨다고 알리기 위해 떠나갔다.

마리아는 천사를 보지 못했다. 그러니까 베드로와 요한에게 당도했을 때에는 무덤 돌이 옮겨져 있었다는 사실 밖에 이야기할 수가 없었다. 그녀는 여전히 누군가가 시체를 가져가기 위해 그렇게 했다고 생각하고 있었다. 그래서 이렇게 말했다. "누군가가 주님을 무덤에서 빼내갔다! 그들이 어디에 주님을 놓아두었는지 아무도 모른다!"

베드로와 요한 역시 몰랐다. 아무것도 몰랐다. 하지만 무덤을 향해 달리기 시작했다. 그리고 시체가 놓여있던 곳에 세마포가 그대로 있는 것을 보았다. 굉장히 놀라운 일이었다. 왜냐하면 예수님이 부활의 몸으로, 나중에 닫힌 문을 통과하신 것처럼, 세마포를 통과하여 빠져나가지 않는 한 세마포가 그대로 놓여있는 것은 불가능한 일이기 때문이다. 요한은 이 사실 하나만으로 그에게 믿음이 생겼다고 기록한다. 그러나 베드로도 요한도 예수님을 본 것은 아니었다. 무덤 주위를 모두 살펴본 후 그들은 집으로 돌아왔다.

그렇다면 마리아는 어떻게 되었을까? 베드로와 요한이 뛰어나간 뒤, 마리아는 성읍에 뒤쳐져 있었다. 다른 곳에 갈 데도 없고 가고 싶지도 않은 마음에 다시 무덤이 있는 동산으로 발걸음을 옮기기 시작했다. 눈물이 흘러내렸다. 그도 그럴 것이, 마리아는 바로 앞선 며칠간 예수님이 체포당하셔서 재판받으시고 십자가에 달리시는 장면까지, 그리고 끝내 세상에서 가장 사랑하는 그분이 돌아가시는 현장까지 모두 목격한 장본인이었다. 정서적으로나 육체적으로나 진이 모두 빠진 상태였다. 마리아는 이미 한 번 왔던 무덤을 다시 가고 있었다. 그날 아침에만 성읍에 있는 집과 무덤 사이를 벌써 세 번째 오가는 것이었다. 한 번은 다른 여인들과 한 번은 두 제자들에게 소식을 전하기 위해, 그리고 지금 모두가 떠난 후에 한 번 더 무덤으로 향하고 있었다. 버거운 일이었다. 마리아는 강한 여자였지만 무너져 내리고 말았다.

> 마리아는 무덤 밖에 서서 울고 있더니(요 20:11).

아마 눈물이 시야를 가릴 정도로 상당히 많이 울었던 것 같다. 그러니까 다른 여인들이 앞서 그랬던 것과 마찬가지로 무덤 안을 들여다보았고 두 천사를 보았는데도 그들이 천사인지 알아보지 못했다(다음 순간 예수님을 보았을 때도 알아보지 못했다). 천사들이 물었다.

"여자여 어찌하여 우느냐"

"사람들이 내 주님을 옮겨다가 어디 두었는지 내가 알지 못함이니이다"(13절).

마리아가 대답했다. 그리고는 무덤에서 뒤를 돌아보는데 예수님이 그 뒤에 서계셨다.

예수님이 말씀하셨다.

> 여자여 어찌하여 울며 누구를 찾느냐(15절)

그러나 마리아는 그분이 동산지기인줄 생각하고 대답했다. "주여 당신이 옮겼거든 어디 두었는지 내게 이르소서 그리하면 내가 가져가리이다"(15절).

예수님이 그녀의 이름을 부르셨다. "마리아야." 그 말에 단번에 그분을 알아보았다. 눈물이 왈칵 쏟아져 나왔다. 믿음과 소망이 소생되는 순간이었다. 그분께 외쳐 불렀다. "랍오니!" 이는 주님 혹은 선생님이라는 말이다. 이 후 그녀가 다른 이들에게 말하는 메시지는 단순했다.

> 내가 주를 보았다(요 20:15-18).

2. 날카로운 질문

"어찌하여 울고 있느냐?" 이 짧은 이야기에서 천사가 한 번, 예수님이 한 번, 같은 질문이 두 번씩이나 마리아에게 주어졌다는 점은 누구나 쉽게 발견할 수 있다. 왜 물었을까? 질문을 던진 이들은 답을 몰라서 물은 것이 아니었다. 왜 울고 있는지 알았다. 그 누구라도 알았을 테니, 모든 것을 아시는 예수님은 더할 나위없었을 것이다. 또 마리아를 놀리기 위해 천사나 예수님이 물은 것도 아니다. 마치 한 어른이 아이에게 줄 사탕을 한 손에 안 보이도록 말아 쥐고 다른 손도 같이 보이면서 "어느 손?" 하며 묻는 것처럼 놀리려는 것이 아니었다. 그보다는 오히려 그녀가 찾고 있던 것이 무엇인지를 분명히 한 다음 그것과 하나님께서 그녀에게 지금 주시려고 하는 훨씬 더 큰 축복 간의 차이를 극명히 나타내기 위한 목적이 있었다.

막달라 마리아가 찾고 있던 것이 무엇인가? 이 질문에 대한 첫 번째 대답은 시체, 죽은 예수님의 몸이다. 하나님이 지금 그녀를 위해 준비하신 것은 살아계신 주님이었다.

마리아가 시신을 찾고 있었다는 것은 너무도 분명하다. 그녀가 사랑했던 예수님, 하지만 이제는 돌아가신 예수님을 떠올리며 시신을 찾고 있었다. 이제 시신은 마리아에게 남겨진 모든 것이었기 때문에 찾아야만 했다. 여인들이 함께 무덤을 찾아왔던 것도 이 때문이었고, 마리아도 그 무리에 속해있었다. 여인들은 예수님이 살아계실 때에도 섬겼다. 지금은 그분이 돌아가셨지만 여전히 가능한 한 자기들의 의무를 다하고 주님을 향한 사랑을 드러내 보이길 원했다. 그들이 지금 할 수 있는 것은 시신에 향품을 바르는 것이었다. 마리아가 베드로와 요한에게 달려갔을 때, 여전히 이러한 관점에서 생각하고 있었다. 그녀의 메시지를 들어보면 이렇다. "사람들이 주님을 무덤에서 가져다가 어디 두었는지 우리가 알지 못하겠다"(요 20:2). 무덤가에 돌아와서 천사들에게도 같은 말을 했다. "사람들이 내 주님을 옮겨다가 어디 두었는지 내가 알지 못함이니이다"(13절). 마리아는 예수님께도 비슷한 근심을 이야기했다. "주여 당신이 옮겼거든 어디 두었는지 내게 이르소서 그리하면 내가 가져가리이다"(15절). 이 대화들 가운데 마리아는 단 한 번도 예수님의 이름을 언급하지 않았다. 모두가 자신이 누구를 찾는지 알 것이라 생각했는지 마리아는 예수님이라는 이름 대신 "주님" 혹은 "그분"이라 불렀다(개역개정에는 삼인칭 대명사가 사용되지 않아 잘 드러나지 않는다-역주). 시선을 예수님과 그분을 향한 사랑에 고정하면서 단 한 번도 시신 이외의 다른 것을 생각하지 않았다. 마리아는 시신을 다시 가져올 수 있도록 옮긴이들이 그분을 어디에 두었는지 알기만을 원했다.

  죽은 예수님의 몸이 있어야할 자리에 하나님은 살아계신 주님을 주셨다. 예수님은 무덤가에, 그것도 마리아 바로 옆에 계셨다! 예수님이 "마리아야" 하고 그녀의 이름을 부르셨다. 마리아는 그 음성이 그분의 것인 줄 알았다. 그 후로 마리아는 다시는 시체에 대해 생각하지 않았다. 왜냐하면 살아계신 예수님이 변함없는 친구가 되어주신다는 것을 알았기 때문이다.

오늘날의 환경이 마리아의 그것과 너무 달라서 우리가 처한 상황이 이와 정확히 일치한다고 말할 수 있을지는 모르겠다. 그러나 어딘가 유사한 부분이 분명히 있다. 하나님이 살아계신 예수님을 우리에게 보내시지만 사람들은 여전히 종교적인 행위와 죽은 것들 사이에서 헤매고 있다. 어떤 이들은 종교가 생명력 없는 시체와 같은 신학으로 이루어져 있다고 생각한다. 즉, 그들은 종교를 책의 종교로만 여긴다. 단지 직업 때문에 그런 서적들을 많이 읽어야만 하는 사람처럼 책을 읽지만 그리스도를 생각하지 않는 종교나 신학은 그 자체로 죽은 것이라 할 수 있다. 신학이 중요하지 않다는 말이 아니다. 중요하다. 그러나 신학은 "하나님에 대한 학문"이고, 여기서 하나님은 다른 하나님이 아닌 살아계신 하나님이다. 살아계신 하나님, 살아계신 그리스도가 빠진 신학은 죽은 모든 것들 중에 가장 비참하게 죽은 어떤 것과 같다. 그러므로 책에 있는 신학 속에서 헤매던

자가 이렇게 소리치는 것은 어쩌면 당연한 것이다. "신학자들이 내 주님을 옮겨다가 어디 두었는지 내가 알지 못함이니이다."

또한, 시체같이 생명력 없는 종교적 행위와 의식이 있을 수 있다. 우리가 종교의식에 대해 이야기 할 때 이것 또한 그리 중요하지 않은 것임을 기억해야 한다. 의식은 신학과는 별개이자 신학을 가리키는 요소이므로 신학보다는 덜 중요하다. 그러나 중요하지 않은 것은 아니다. 한 사람이 좋은 신학적 기반을 가지고 있다면 좋은 예배 행위가 뒤따르는 것은 자명하다. 나쁜 신학적 기반을 가지고 있다면 나쁜 예배 형식이 자연스럽게 나올 것이다. 신학에도 좋은 신학이 있듯이 예배 형식에도 좋은 예배 형식이 있을 수 있다. 다시 말하지만, 살아계신 그리스도가 계시지 않는 예배라면 그 행위들은 도대체 무엇인가? 그 행위들은 모조리 죽은 믿음이요 굴러다니는 마른 뼈들과 같다. 그 누구도 위로할 수 없다.

종교적인 일들을 찾아다녔지만 마음이 여전히 공허하여 당신의 영혼이 아직도 정확히 알 수도 없는 무언가(하나님, 현실, 아름다움, 삶 등)를 향해 울부짖고 있다면, 당신이 죽은 자들 가운데서 산 자를 찾고 있거나, 혹은 살아계신 하나님을 전혀 찾고 있지 않거나 둘 중 하나이다. 하나님께서 당신에게 주시는 것은 예수님이다. 예수님이 당신에게 묻는 질문은 "네가 찾는 것이 누구냐?"이다. "누구냐"라고 물으시는 것을 기억하라. 상황에 따라 중요한 질문이 될 수 있지만 "너는 무엇을 찾고 있느냐"가 아니다. "너는 누구를 찾고 있느냐?" 예수님이 물으신다. 당신은 살아계신 주님을 찾아야만 한다.

3. 다시 사신 구원자

두 번째로 마리아가 찾고 있던 것은 순교자였다. 위대한 순교자들이 항상 죽은 사람이듯이 예수님은 분명 죽은 순교자였다. 하지만 순교자는 순교자일 뿐이다. 그 대신 하나님은 마리아에게 **다시 사신 구원자**를 주셨다.

예수님을 따라다니면서 죽음에 이르기까지 계속해서 그분을 괴롭혔던 이름 모를 사람들에 대해 마리아가 이야기하는 것은 그녀가 순교자를 찾고 있었다는 것을 증명한다.

그 이름 모를 사람들을 지칭하면서 마리아는 "사람들"(they)이라는 말을 썼다. "사람들이 주님을 무덤에서 가져다가 어디 두었는지 우리가 알지 못하겠다"라고 말이다(2절). "사람들이 내 주님을 옮겨다가 어디 두었는지 내가 알지 못함이니이다"라고도 했다(13절). 만약 마리아에게 그 "사람들"이 누구를 말하는 것인지 캐물으면 아마 당시 누구라도 납득할 만한 대답을 할 것이다. "사람들"은 예수님이 위태롭게 했던 사회적 위치와 명망을 갖고 있었던 종교 지도자들이다. 그들은 오래전부터 예수님을 위협적인 인물로 간주하고 제거하기 위해 노력해왔다. 당시 모두가 알만한 사실이었다.

만약 마리아에게 물었다면 이와 같은 선상에서 대답했을 것이고 아마도 몇몇 이름도 알려줬을 것이다. 하지만 지금에 와서 이러한 것들이 무슨 상관인가? 만약 예수님을 상대로 음모를 꾸몄던 자들이 아니라도 다른 누군가가 예수님의 시신을 가져갔을 수도 있다. 마리아가 여기서 "사람들"이라고 지칭하며 슬픔을 토로할 때 그녀에게 있어서 가장 중요한 것은 예수님이 부당하고 불법적으로 대우를 받았다는 사실이었다. 예수님은 해를 당하셨고 "사람들"이 그 일을 야기했다. "사람들"은 예수님이 선하기 때문에 미워했다. 그래서 예수님은 순교자의 죽음을 맞이하셨다.

그러나 예수님은 순교자가 아니었다! 순교자란 자기 신념을 위해 악전고투 끝에 영웅답게 죽는 이를 말한다. 예수님은 자기 신념을 위해 죽지 않았다. 그분은 우리를 위해 죽으셨다. 그분은 우리가 죽을 자리에서 죽으셨다. 살아계셨을 동안 그분이 하실 일에 대해 가르치셨다. 이렇게 말씀하셨다.

> 인자가 온 것은 섬김을 받으려 함이 아니라 도리어 섬기려 하고 자기 목숨을 많은 사람의 대속물로 주려 함이니라(막 10:45).

성만찬을 제정하실 때에도 말씀하셨다.

> 이것은 많은 사람을 위하여 흘리는 나의 피 곧 언약의 피니라(막 14:24; 참고. 마 26:28).

그분을 자신을 가리켜 살아있는 떡이라 말씀하셨다.

> 내가 줄 떡은 곧 세상의 생명을 위한 내 살이니라(요 6:51).

예수님이 희생될 시간이 가까이 다가오면서 자신의 죽

음과 부활을 예견하시며 더 확고히 예루살렘으로 발걸음을 옮기신 것을 우리는 본다(막 10:32-34). 분명 예수님은 자신의 죽음을 보셨다. 그 죽음은 순교자의 죽음이 아니라 이 세상의 기초가 놓이기 이전부터 죽음당하기로 계획된 희생 양의 죽음이었다. 그의 죽음은 비극이 아니다. 성취이다.

마리아는 죽임당한 영웅을 찾고 있었다. 그러나 하나님은 다시 사신 구원자를 주셨다. 그 시간 이후로 마리아 뿐 아니라 믿음을 선물로 받은 모두는 죄로부터의 구원을 선포하는 복음을 들고 세상으로 나아가야 한다.

4. 그분은 통치하시는 주시다

마리아가 찾고 있던 또 다른 한 가지가 있다. 그리고 이것은 살아계신 예수님이 나타나신 후에도 마리아가 계속해서 찾고 있었던 것으로 보여 더 놀랍다. 그것은 바로 그녀의 기대 속에 있던 죽을 수밖에 없는 존재로서의 인간 예수님이었다. 하나님은 그 대신 영광 가운데 계셔서 통치하시는 주님을 주셨다.

마리아가 예수님을 만나는 이야기는 간결하게 기록되어 있기 때문에 잘 이해하기 위해서는 특정 부분, 특히 마리아의 행동과 같은 부분을 추가로 생각해볼 필요가 있다. 예를 들어, 이 이야기 중간에 요한복음은 우리가 이미 살펴본 바와 같이 마리아가 예수님을 보았고 대화를 나눴다는 사실을 기록하고 있다. 예수님은 마리아가 왜 우는지 물어보셨고 마리아는 그 질문을 하는 예수님에게 시신을 옮겼는지, 만약 옮겼다면 그 시신을 자기가 가서 가져갈 수 있게 어디 두었는지 알려달라고 대답했다. 짐작컨대 이 말을 하는 동안 마리아는 예수님을 보고 있었을 것이다. 그러나 바로 그 다음, 요한의 기록에 따르면, 예수님이 마리아의 이름을 부르셨고 그 때 마리아가 그분께 돌아서서 "랍오니"하고 외쳤다고 말하고 있다. 정확히 기록되어 있지는 않지만 마리아가 돌아서서 다시 예수님을 마주보려면 그 자리에 선 예수님을 동산지기로 생각하고 시신이 어디 있는지 알려달라는 요청을 하자마자 다시 돌아섰어야 한다. 그녀는 분명 무덤을 향해 다시 돌아섰다. 그것이 예수님을 본 마리아의 마지막 모습이었다. 소중한 시신을 다시 보기 전까지는 아무것에도 관심이 없는 모습이었다.

이 시점에서 또 다른 중요한 마리아의 행동이 있다. 예수님이 "마리아야"하고 부르셨을 때, 마리아는 예수님을 알아보았다. 그리고 "선생님!"하고 불렀다. 여기서 요한은 분명히 말하지 않았지만 마리아는 분명히 주님을 다시 만났다는 순전한 환희에 겨워 그분께로 달려가 끌어안았을 것이다. 이어지는 예수님의 말씀이다.

> 나를 붙들지 말라 내가 아직 아버지께로 올라가지 아니하였노라 너는 내 형제들에게 가서 이르되 내가 내 아버지 곧 너희 아버지, 내 하나님 곧 너희 하나님께로 올라간다 하라(요 20:17).

마리아는 자신이 그러하듯 예전과 같은 예수님이길 기대한 것이다. 분명 같은 예수님이셨지만 동시에 달랐다. 전에 예수님을 만났던 사람들은 "육신을 따라" 그분을 알았지만 이제는 더 이상 그렇게 예수님을 알아서는 안 된다. 예수님은 죽음에서 일어나셨고 역사 속에 나타난 모든 교회의 주인으로서 통치하시는 분이시다. 그분의 명령 가운데 가장 주요한 명령은 그분의 복음을 들고 세상으로 나아가라는 것 이다.

하늘과 땅의 모든 권세를 내게 주셨으니 그러므로 너희는 가서 모든 민족을 제자로 삼아 아버지와 아들과 성령의 이름으로 세례를 베풀고 내가 너희에게 분부한 모든 것을 가르쳐 지키게 하라 볼지어다 내가 세상 끝날까지 너희와 항상 함께 있으리라(마 28:18-20).

"스타워즈"(Star Wars)라는 영화 광고 문구를 본적이 있다. "포스가 당신과 함께 하길! 단 2주간!" 그러나 예수님은 말씀하신다. "볼지어다 내가 **세상 끝날까지** 너희와 항상 함께 있으리라."

5. 눈물의 시간

전도서 3장에 위대한 지혜의 글이 있다.

범사에 기한이 있고 천하 만사가 다 때가 있나니…울 때가 있고 웃을 때가 있으며 슬퍼할 때가 있고 춤출 때가 있으며(전 3:1, 4)

내가 말하고자 하는 것은 우리가 울어야 할 때가 있다는 것이다. 우리는 죄로 인해, 죄의 결과물들로 인해, 고난과 괴로움과 아픔으로 인해, 죽음으로 인해 눈물 흘려야 한다. 우리는 고난 받을 때 울어야 한다. 다른 이들이 고난 받을 때 울어야 한다. 기독교는 금욕주의적 종교가 아니다. 기독교는 의연한 척 버티는 종교가 아니다. 기독교는 죄를 죄로, 악을 악으로, 비통함을 비통함으로 직시하는 종교이다. 이 세상에 사는 한 우리에게는 눈물이 있을 것이다.

  하지만 계속되지는 않는다! 소망 없는 어떤 이들과는 다르다! 부활절에는 눈물이 없다! 부활절에는 주님의 부활을 축하하고, 눈물이 기쁨으로 바뀌었던 마리아와 같이 환희로 가득 찬다. 어떻게 슬픔에 잠겨 눈물 흘리겠는가? 한 때 죽은 종교를 가졌던 우리가 지금 살아계신 분을 만났다. 한때 순교자만 기억하던 우리가 구원자를 만났다. 한때 우리는 죽을 수밖에 없는 존재만 알고 기대했다. 지금 우리는 통치하시는 주님을 소유하고 있다.

9장

엠마오로 가는 길을 걸어보라

만일 하나님의 말씀이 21세기에도 계속해서 삶을 변화시키는 능력이 있다는 사실을 의심한 적이 있다면 영국의 위대한 사회비평가 말콤 머거리지(Malcom Muggeridge)가 쓴 『예수의 재발견』(*Jesus Rediscovered*)이라는 책을 읽어볼 필요가 있다.[1] 영국 전역과 북미 일부에서 머거리지는 먼저 풍자 뉴스 잡지 "펀치"(*Punch*)의 편집장으로서, 그리고 최근에는 TV 탤런트로서 엄청난 명성을 얻었다. 머거리지가 영국성장의 골칫거리들로 꼽았던 것 중에는 정부, 왕실, 국제 정치는 물론 교회도 있었다. 대부분의 영국인들 눈에 머거리지보다 그리스도 앞에 회심하고 기독교로 개종할 가능성이 적은 사람은 아마 절대 없을 것이라 해도 과언이 아닐 정도로 그는 반기독교적 시각을 가진 사람이었다.

그럼에도 불구하고 시간이 흘러 머거리지는 자기 삶과

---

1 Malcom Muggeridge, *Jesus Rediscovered* (Garden City, N.Y.: Doubleday, 1969). Muggeridge는 서문에서 그의 개인적인 이야기를 다루었다.

다른 이들의 삶을 변화시키는 그리스도의 능력에 대해 간증하게 되었다. 그의 회심은 영국 방송사, BBC일로 이스라엘에 갔을 때 일어난 것으로 그는 회고한다. 그가 회심하도록 하는 데에 여러 요인들이 있었겠지만, 다른 무엇보다 신약과 관련한 프로그램 촬영차 예루살렘에서 엠마오로 가는 길을 따라 걸어본 경험이 큰 역할을 했다. 2,000여 년 전 예수님이 부활하신 아침 두 제자와 같이 걸어간 길을 따라가면서 복음의 진리와 살아계신 그리스도의 임재가 처음으로 그에게 생생히 다가왔다.

엠마오로 가는 길은 어떤 측면에서 진정한 그리스도인이 되고자 하는 모두가 걸어야만 하는 길이다. 이런 관점에서 함께 말씀을 살펴보고자 한다. 이 길의 처음은 불신과 슬픔에서 시작한다. 하지만 기쁨과 흥분과 사랑과 진정한 헌신으로 끝이 난다.

1. 글로바와 마리아

부활 사건 이후 그리스도께서 제자들에게 나타난 사건들

이 저마다의 사연을 담고 있듯이 엠마오로 가는 제자들에게 나타나신 경우에도 특별한 이야기가 담겨 있다.

이 제자들은 누구였을까? 이 질문에 답하는 것은 단순히 "엠마오로 가는 제자들"이라 부르는데 익숙한 대부분의 사람들이 생각하는 것처럼 그렇게 어렵지만은 않다. 한 가지 분명한 것은 이야기 가운데 둘 중 한 사람에 대한 이름이 등장한다는 점이다. 누가복음 24:18에 의하면 둘 중 한 사람의 이름은 글로바이다. 더 나아가 당신이 만약 신약에 등장하는 단어들을 한꺼번에 잘 정리해 놓은 석인을 가지고 "글로바"라는 이름을 찾아본다면, 또다른 부활 사건에 대한 기록에도 그의 이름이 등장한다는 사실을 발견할 것이다. 바로 요한복음 19:25이다. 이렇게 쓰여 있다.

> 예수의 십자가 곁에는 그 어머니와 이모와 글로바의 아내 마리아와 막달라 마리아가 섰는지라.

요한은 누가가 쓴 그의 이름과 철자가 약간 다르게 쓰긴 했다(한글 성경은 똑같이 표기되어 있지만 누가는 Cleopas라 기록했고 요한은 Clopas라 기록했다-역주). 그러나 고대 문서에서 이름의 철자는 종종 다양하게 쓰이다. 그리고 여기 등장하는 두 이름은 의심할 여지없이 같은 인물을 지칭하는 것이다. 따라서 글로바의 아내 역시 십자가 사건이 벌어질 때 예루살렘에 있었고, 그러므로 부활절 아침 글로바와 함께 엠마오로 돌아가는 인물은 그의 아내라고 가정해도 무리가 없다.

나아가 우리가 알 수 있는 것은 심지어 이보다 많다. 요한이 십자가 현장에 있는 예수님의 "어머니와 이모와 글로바의 아내 마리아와 막달라 마리아"을 언급할 때 분명 이름을 분명히 말한다. 요한이 쓴 이 구절을 원어성경으로 읽을 때 어순상 마리아라는 이름이 예수님의 이모, 즉 동정녀 마리아의 자매의 이름을 일컫는지 글로바의 아내를 일컫는지 정확히 드러나지는 않는다는 점은 나도 인정한다. 그러나 글로바의 아내라고 보는 것이 좀 더 타당하다고 생각한다.

한 가지 확실해 보이는 점은 이 구절 뒷부분의 "글로바의 아내 마리아와 막달라 마리아"라는 부분에서 두 사람의 마리아를 요한이 확연히 구분하고 있다는 것이다. 적어도 이렇게 보는 것이 이 문장을 해석하는 가장 자연스러운 길이다. 또한 만약 이런 해석이 잘못됐다면, 이 문장은 누군지 불확실한 마리아가 (다섯명 가운데 섞여)있다고 보아야하거나, 아니면 동정녀 마리아의 자매가 마리아라고 해석해야

한다. 전자는 문장 자체의 의미에 있어서도, 요한의 문학적 스타일에 있어서도 자연스럽지 않다. 그리고 후자는 예수님 어머니 마리아에게 같은 이름을 가진 두 자매가 있었다는 것 역시 자연스럽지 않다. 결국 마리아라는 이름을 가진 글로바의 아내가 있었다는 결론에 도달하게 된다. 이 여인은 다른 구절에서 작은 야고보와 요세의 어머니로, 그리고 예수님과 제자들을 돕고 따르던 자로 소개된 바 있다(참조. 막 15:40-41; 막 16:1; 눅 24:10).

위 모든 논거들이 의미하는 바는 예수님이 이른 아침 무덤가에서 막달라 마리아에게 나타나신 후 (베드로에게 개인적으로 나타나신 사건이 구체적으로 기록되지 않은 점을 감안하여 제외하면) 바로 다음 글로바와 마리아에게 나타나셨다는 말이다. 이는 소위 "정규" 제자들에게 나타나시기도 전에 그들에게 먼저 보이셨다는 의미이다.

2. 불신과 슬픔

틀림없이 누군가는 "왜 그러셨을까"하며 궁금해 하리라

생각한다. 그런데 그 답은 완전 미궁 속에 있지는 않다. 간단히 말하자면 당시 글로바와 마리아는 십자가 사건을 아는 아주 소수의 제자들 가운데 속해 있었고 그래서 부활에 대해 확실히 배우도록 준비된 자들이었다.

우리가 제자들에 관해 꼭 기억해야하는 점이 있다. 예수님은 예루살렘에서 베다니로 돌아오시는 길 저녁마다 겟세마네 동산에 들러서 기도하시곤 했고 그 자리에서 잡히셨다. 그 자리에 함께 있던 제자들은 모두 흩어졌고 틀림없이 베다니로 갔을 것이다. 그런 상황이라면 예루살렘으로 가려는 심리보다는 예루살렘에서 도망쳐 나오려는 심리가 작용했을 것이다. 이성은 그들이 향하고 있던 곳에서 다시 모이기를 강요했을 것이다. 어쨌든 예수님을 잡아간 자들을 따라간 베드로와 요한을 제외하고는 부활 사건이 있기 전까지 예루살렘에 있었다고 언급된 인물이 제자 중 한 사람도 없었다. 안식일에는 먼 거리를 이동하지 못했을 것이다. 그러니까 아마도 부활 사건이 있기 전까지 십자가 처형 사건은 베드로와 요한, 예수님의 어머니를 포함한 십자가 현장에 있었던 여인들, 그 외 유월절을 지키기 위해 예루살렘에 와 있던 예수님을 아는 사람들에게만 알려져 있었을 것이다.

여기서 우리는 일어났던 일을 재구성해볼 필요가 있다. 글로바의 아내는 십자가 아래 서 있었다. 주님이 못 박히시는 장면을 생생히 보았다. 못이 손을 뚫고 들어갔다. 십자가가 세워졌다. 피를 보았다. 그분이 외치는 소리를 들었다. 날이 어두컴컴해지는 것을 경험했다. 끝내는 창이 그분의 옆구리에 파고드는 것을 목격했다. 마리아는 그리스도께서 숨을 거두셨다는 사실을 전혀 의심하지 않았다. 위 현장을 목격했을 글로바 역시 마찬가지였다.

십자가 처형이 끝나고 그녀는 집으로 돌아왔다. 유월절이 다가왔다. 마리아와 글로바는 신실한 유대인답게 유월절을 지켰다. 십자가 처형이 있던 날부터 부활의 날이 오기까지 깊은 슬픔 속에서 절기가 지나가길 기다렸다. 시신에 향품을 바르러 가려는 여인들이 그러지 못하고 있었던 것과 같은 연유로 글로바와 마리아는 집이 있는 엠마오로 가지 못하고 있었다. 드디어 토요일인 안식일이 지나고 아침이 왔다. 마리아는 다른 여인들과 함께 시신에 향품을 바르기 위해 무덤으로 향했고 글로바는 남아서 짐을 꾸렸다. 무덤에 간 마리아는 천사를 보았고 돌아와서 글로바에게 말했다. 그리고 이 다음 행동이 정말 주목할 만하다. 마리아는 글로바와 함께 떠날 채비를 했다. 그리스도가 말 그대로 부활하셨다는 개념 자체가 아직 머릿속에 전혀 없었다.

 게다가 글로바와 마리아가 떠날 채비를 하는 동안 베드로와 요한은 여인들을 통해 천사가 전해준 소식에 대해 알게 되었다. 베드로와 요한은 무덤이 있는 동산으로 달려갔다. 무덤에 들어갔다. 요한은 그 순간 부활을 믿었다. 베드로와 요한이 돌아와 글로바와 마리아에게, 그리고 다른 이들에게 그들이 본 것을 말했다. 그러고 나서, 이 부분이 가장 놀랍다. 글로바와 마리아는 그 자리에서 계속해서 짐을 쌌다. 얼마 지나지 않아 준비가 끝났고 예루살렘을 떠났다. 팔레스타인 가난한 농민인 이 부부는 그리스도의 부활을 믿었을까? 절대 믿지 않았다! 나중에서야 믿게 되었는데, 그 때 그들이 믿은 이유가 자신들이나 가졌던 혹은 누군가가 가졌던 희망적인 생각이나 환각 때문이었을까? 전혀 그렇지 않았다. 이 부부야 말로 주 예수님을 잃은 슬픔에 깊이 잠겨 있었고 아주 참담한 심경이었으며 그분의 죽음이라는 현실에 완전히 사로잡혀 있었다. 그래서 부활 소식이 들려와도 20-30분 시간을 내서 개인적인 생각을 정리해 볼 시도조차 할 수 없었다.

누군가가 내게, "그들은 분명 소식을 못 들은것이다. 당신은 지금 이야기를 지어내고 있다"라고 반박한다 해도 글로바의 말 자체가 이 반박을 불식시킨다. 예수님이 결국 길에서 나타나셔서 그들이 왜 슬퍼하는지 물었을 때, 글로바가 대답한다. 그는 먼저 십자가 사건에 대해 이야기를 하고 나서 거기에 이렇게 덧붙인다.

> 또한 우리 중에 어떤 여자들이 우리로 놀라게 하였으니 이는 그들이 새벽에 무덤에 갔다가 그의 시체는 보지 못하고 와서 그가 살아나셨다 하는 천사들의 나타남을 보았다 함이라 또 우리와 함께 한 자 중에 두어 사람이 무덤에 가 과연 여자들이 말한 바와 같음을 보았으나 예수는 보지 못하였느니라(눅 24:22-24).

그리스도의 제자들 입장에서 부활 신앙을 설경할 수 있는 근거는 무엇입니까? 그 답은 부활 그 자체이다. 다른 무엇이 아닌 부활 그 자체가 부활 신앙을 설명한다! 제자들의 믿음을 부활 사건을 통해 설명할 수 없다면 우리는 역사상 가장 커다란 수수께끼에 봉착한 것이다. 진짜 부활을 통해 제자들의 믿음을 이해할 때에야 비로소 기독교를 이해할 수 있다.

3. 엠마오로 가는 길

당시 글로바와 마리아는 믿지 않은 상태였고 집으로 가고 있었다. 모든 것이 끝났다. 꿈은 부서졌고 슬픔만 남아 있었다. 엠마오로 향하여 그들만의 외로운 걸음을 걷고 있을 때 예수님이 찾아오셨지만 그분을 알아보지 못했다. 예수님을 마지막으로 본 것은 그분이 맞고 심하게 해를 당하셔서 피를 흘리시는 모습이었다. 여기 나타나신 예수님은 영광스러운 몸을 입고 계셨고 그들은 누군지 알아보지 못했다. 그래서 여전히 갈 길을 가고 있는데 예수님이 가까이 다가오셨다. 엠마오로 향하는 길을 걷는 모두에게 그러시듯 말이다. 그리고는 왜 슬퍼하고 있는지 물으셨다. 세상에 이런 완전한 오해와 착오로 뒤덮인 대답이 또 있을까!

> 당신이 예루살렘에 체류하면서도 요즘 거기서 된 일을 혼자만 알지 못하느냐 이르시되 무슨 일이냐 이르되 나사렛 예수의 일이니 그는 하나님과 모든 백성 앞에서 말과 일에 능하신 선지자이거늘 우리 대제사장들과 관리들이 사형 판결에 넘겨 주어 십자가에 못 박았느니라 우리는 이 사람이 이스라엘을 속량할 자라고 바랐노라 (눅 24:18-21).

이스라엘을 속량할 자! 이것이 그리스도께서 십자가에 죽으신 정확한 이유이다! 그분은 사람을 구속하신다. 그러나 그들은 다른 종류의 구속을 생각하고 있었다. 예수 그리스도는 죄로부터 그들을 구속하시는데 그들은 로마로부터의 해방을 생각하고 있었다. 구속은 노예 신분에 있는 자를 대가를 지불하고 사서 자유롭게 해주는 것이다. 그런데 그들은 예수님이 메시아로서 이스라엘이란 나라를 자유롭게 할 것이라고, 다윗 왕 때나 마카비 왕조 때와 같이 그들을 이 땅의 군주로 만들어 줄 것이라고 기대하고 있었다. 예수님은 죄로부터 그들을 구속하기 위해 죽으셨다. 그런데! 그들은 관심이 없었다! 그들이 바라는 것은 그게 아니었다.

오늘날 역시 사람들이 찾는 것은 구원이 아니다. 사람들은 방해받지 않고 자기 의지대로 할 수 있는 자유를 원한다. 우리가 가진 문제가 해결되길 원한다. 그러나 우리 죄의 문제가 해결되기를 선뜻 원하지 않는다. 그리스도께서 죄로부터 우리를 구속하시려면 우리 죄를 죄로서 철저히 질책하셔야만 한다. 그리고 의의 길에 세워주셔야 한다.

4. 세 가지 열림

예수님이 글로바와 마리아에게 성경을 풀어주실 때 사상 처음으로 열어주신 세 가지가 본장에 나타난다. 예수님은 성경을 열어주셨고 그들의 눈을 열어주셨고 그들의 마음을 열어주셨다. 이 세 가지는 너무 중요해서 이들만의 개요를 만들어서 공부할 필요가 있다.

첫 번째 열림은 이야기 가운데 나타나 있지만(눅 24:25-27) 성경을 열어주셨다는 구문 자체는 조금 나중에 그리스도께서 말씀하신 것을 되새겨보는 32절에 가서야 나온다.

> 길에서 우리에게 말씀하시고 우리에게 성경을 풀어 주실(opened the scriptures) 때에 우리 속에서 마음이 뜨겁지 아니하더냐(눅 24:32).

하나님이 한 개인을 예수 그리스도로 향하도록 하실 때 항상 이와 같은 방법으로 일하신다는 사실을 생각해 본 적이 있는가? 예수님이 사역을 시작하실 때 안식일 날 나사렛에 있는 회당에 가셨고 이사야 61장을 읽으셨다.

> 주의 성령이 내게 임하셨으니 이는 가난한 자에게 복음을 전하게 하시려고 내게 기름을 부으시고 나를 보내사 포로 된 자에게 자유

> 를, 눈 먼 자에게 다시 보게 함을 전파하며 눌린 자를 자유롭게 하
> 고 주의 은혜의 해를 전파하게 하려 하심이라(눅 4 18-19).

말씀 읽기를 마치고 자리에 앉으셔서 청중들에게 이 말씀을 적용해주셨다.

> 이 글이 오늘 너희 귀에 응하였느니라(21절).

얼마 지나지 않아 세례 요한의 제자들이 예수님께 찾아와서 정말 메시아가 맞는지 물었고 예수님은 그 때 이 말씀을 다시 한 번 언급하셨다.

당신은 하나님에 대한 진리를 어디에서 찾을 것인가? 모든 사람들이 하나님에 대해 서로 다른 생각들을 가지고 있다. 모든 사람들이 하나님에 대한 글을 쓴다. 당신은 어디에서 진리를 찾을 수 있겠는가? 하나님을 알 수 있는 방법은 예수 그리스도를 아는 것을 통해 가능하다. 예수님은 "나를 본 자는 아버지를 보았다"고 말씀하셨다(요 14:9). 그리고 예수님을 아는 것은 성경이 열릴 때에만 가능하다.

두 번째 열림은 31절에 나온다. 그리고 이 열림은 첫 번째 열림의 결과이기도 한다. 예수님은 엠마오 도상에서 그

들을 가르치셨다. 그리고 나서 집에 도착해 앉아서 떡을 떼는 동안 "그들의 눈이 밝아져"(their eyes were opened) 예수님을 알아보았다. 이는 당시에 그러했듯이 오늘날에도 동일한다. 당신이 말씀을 펼 때 하나님이 성령을 통해 당신의 눈을 여실 것이고 예수님을 알아볼 것이다.

세 번째 열림은 이야기 가장 마지막에 글로바와 마리아가 예루살렘으로 돌아와 그들에게 나타나신 예수 그리스도에 대해 다른 제자들에게 이야기 하는 동안 일어난다. 그들이 이야기를 하는데 예수님이 다시 그들 가운데 나타나셨다. 그리고는 "그들의 마음을 열어(opened their minds) 성경을 깨닫게" 해주셨다(눅 24:45). 예수님이 그들의 마음을 여시자 구약에 있는 예수님에 대한 기록을 어느 정도 깊이 있게 이해하기 시작한 것이다.

5. 세 가지 축복

글로바와 마리아의 이야기, 그들이 주님이신 예수 그리스도와 대면한 이야기에는 생각해 볼 부분이 더 많이 있다.

왜냐하면 위 세 가지 열림은 각기 중요한 결과를 가져왔기 때문이다. 또한 우리에게도 성경이, 우리의 눈이, 마음이 열릴 때 똑같은 결과가 일어날 것이기 때문이다. 우리는 본문에서 예수님이 성경을 풀어주실 때 그들 속에서 마음이 뜨거워졌다는 사실을 발견한다. "흥분되지 않더냐? 전율이 느껴지지 않더냐?"라고 그들이 말하고 있다. 성경이 열리는 것은 오늘날 말씀을 공부하는 모두에게도 동일하게 흥분되는 일이다. 만약 당신에게 이 말이 생소하게 들린다면 당신은 생각만큼 정말 성경을 보고 있는 것이 아니다.

예수님이 글로바와 마리아의 눈을 열어주셨을 때 또 다른 결과가 있었다. 틀림없이 날이 다 저물 때쯤에야 엠마오에 도착했을 것이다. 모두 피곤했다. 어두웠다. 예루살렘으로 다녀온 길은 힘들고, 멀고, 위험했다. 그럼에도 불구하고 살아나신 주님을 만난 사실을 다른 제자들에게 말해야겠다는 즉각적인 욕구를 느꼈다. 그래서 그리 많이 생각할 필요 없이 그날 밤 바로 예루살렘으로 출발했고 그곳에서 그들이 경험한 이야기를 들려주었다. 부활하신 그리스도를 자각하는 것은 항상 그에 대해 증언하게 한다.

끝으로 예수님이 그들의 마음을 열어 성경을 이해하게

하셨을 때 그들은 의심 없이 삶의 새로운 국면으로 뛰어들었다. 이제 그들의 삶은 성경과 주님을 전과는 전혀 다른 눈으로 이해하기 시작했다. 전에는 하나님 말씀 대부분이 미스터리였다. 그런데 이제는 창세기를 펴서 여인의 후손이 뱀의 머리를 상하게 할 것이라는 말씀을 읽으면 그 후손이 예수님이라는 사실이 보이기 시작한 것이다. 창세기는 전혀 새로운 말씀으로 다가오게 되고 주님 그분 자체를 훨씬 잘 이해하게 된 것이다. 창세기를 조금 더 읽어나가면 예수님이 여인의 후손일 뿐만 아니라 열방에 축복을 가져올 아브라함의 후손이라는 점도 깨달을 것이다. 그래서 이후 이방인들에게 복음이 전해지는 것을 보며 이 예언이 성취되었다는 것을 알아챌 것이다. 글로바와 마리아는 요셉의 삶이 예수님을 예표하고 있었다는 사실을 볼 것이다. 출애굽기에서 예수님은 유월절 어린양으로 그려졌다. 민수기에서 예수님은 광야에 있는 바위로 그려졌다. 그 바위에서 우리는 생명수를 값없이 얻었다. 그분은 또한 그분의 백성들을 인도하고 보호하는 구름기둥이었다. 신명기는 예수 그리스도가 의로운 분이자 "의 그 자체"로 묘사하고 정의한다. 여호수아서에서는 여호와의 군대 장관이다. 시편과 선지서에서 우리는 그분의 고난, 죽음, 부활에 대해 본다. 그 가운데 에스겔, 다니엘과 같은 책을 통해서 예수님의 영광스러운 재림에 대해 배운다. 구약의 마지막 책인 말라기는 떠오르는 공의의 해가 치료의 광선을 비추는 장면으로 예수님을 묘사한다.

이 세 가지 열림, 즉 성경을 열어주시고 눈을 열어주시고 마음의 문을 열어주시는 것은 우리 모두가 부활하신 주님께 구해야 할 세 가지 위대한 축복이다. 성경이 열릴 때, 예수 그리스도께서 성령의 신령한 역사하심을 통해 말씀을 풀어주셔서 주 예수 그리스도를 밝히 볼 때, 우리는 정녕 이전과 같지 않을 것이다. 말씀 자체가 다르게 보일 것이다. 더 이상 미스터리한 말씀이 아닌 거대한 축복이 될 것이다. 왜냐하면 말씀을 보는 그 자리가 우리를 위해 죽으시고 지금 살아계셔서 그를 따르는 자들에게 나타나신 예수님과 대면하는 곳이기 때문이다.

The Christ of the Empty Tomb

3
"그분이 살아나셨다"

The Christ of the Empty Tomb

10장

사상 최고의 소식

　제2차 세계대전이 끝날 당시 더글라스 맥아더(Douglas MacArthur) 총 사령관은 도쿄만에 정박한 미주리라는 이름의 전투함대 갑판 위에서 일본 정부 대변인과 (공식적인 종전을 알리는 문서에 서명을 하기위해) 만남을 가졌다. 전 세계가 종전을 기뻐했다. 문서에 서명이 끝나자 이 사건을 알리는 뉴스가 온 지구촌에 널리 전해졌고 남녀노소 할 것 없이 환희로 난리가 났다.

　그 시절 나는 어린아이였다. 아버지는 군인으로 수년간 복무하셨고 그래서 가족들은 남부에 위치한 커다란 군 기지에서 생활을 했다. 교전과 전혀 관련 없는 먼 거리에 있는 기지였다. 하지만 지금도 그 시절을 돌아보면 전쟁이 결국 끝났다는 뉴스가 들려오는 순간 곳곳에서 터져 나왔던 환호와 함성을 아직도 기억한다. 그 기쁨에 파티가 오랫동안 지속되었다.

제2차 세계대전이 끝났다는 소식은 엄청난 소식이었다. 그런데 그와 같은 엄청난 소식도 예수 그리스도의 부활이라는 정말 엄청난 소식과는 비교조차 할 수 없다. 이 세상이 들어본 소식들 중 가히 최고라 할 만한 소식이었다.

1. 흔들릴 수 없는 증거

왜? 도대체 왜 예수 그리스도의 부활이 역사가 들어본 최고의 소식일까? 답은 간단한다. 진실이기 때문이다. 이는 분명한 승리 후에 온 사실이며, 많은 중요한 것들을 증명하고, 결국 우리 각자에게 목숨이 달린 응답을 요구한다.

첫 번째로 예수 그리스도의 부활은 복음이다. 왜냐하면 진실이기 때문이다. 복음처럼 들리는 소식은 있을 수 있다. 그러나 소식이 잘못됐거나 실제 일어나지 않은 것을 꾸며냈다는 사실이 드러나 기쁨이 이내 실망감으로 전락해버리는 경우가 있다. 예전에 즐겨 사용하던 예화를 들어보자면, 실제 2차 세계대전이 끝나기 전 비슷한 실망감을 안겨준 일이 사실 몇 번 있었다. 종전에 대한 가짜 소식이 퍼졌고 나중에 가짜임이 드러나게 되자 큰 실망감만이 남았다. 그러나 주님의 부활 소식은 이와 같지 않다.

　예수 그리스도의 부활에 대한 가장 큰 증거는 부활에 대해 이야기하는 기록 그 자체에 담겨진 증거이다. 부활에 대한 기록은 가장 논리적인 것처럼 보이는 비평적 연구물에 정면으로 반대한다. 가장 먼저 복음서가 네 개의 독립적인 기록으로 이루어져 있다는 점을 기억해야한다. 이 기록들은 어떠한 공모에 의해 형성되지 않았다. 만약 그랬다면 기록 간의 명백한 모순점들이 지금처럼 남아있어서는 안된다. 무덤에 나타난 천사의 수, 동산에 찾아간 여인의 수, 그들이 도착한 시점 등등 모순처럼 보이는 부분들이 그대로 드러나 있다. 물론 이 차이들은 서로 조화를 이룰 수 있다. 그러나 여기서 말하고자 하는 요지는, 만약 저자들이 함께 하나의 이야기를 조작하여 만들어냈다면 이처럼 명백하게 불일치한 부분들은 남아있지 않았을 것이라는 말이다. 다른 한편 그들은 분명 각각 따로 자신이 기록한 이야기를 만들어낸 것도 아니다. 왜냐하면 만약 그들이 그렇게 했다면 그토록 중요시 되어야 하는 일치점을 무시하지 않았을 것이다. 배경, 인물, 사건의 장면 묘사 등은 결코 정확하게 일치하지 않는다. 만약 기록들이 공모에 의해 조작되지 않고 각자 꾸며낸 이야기도 아니라면 남아있는 단 한 가지 가능성은 그 기록들이 가짜로 만들어진 이야기가 절대 아니라는 것이다. 다시 말해 기록들은 간단히 자신이 무엇을 쓰고 있는 지를 제대로 알고 있었던 저자들에 의한 네 개의 진짜 독립적인 기록물이라는 것이다.

다음 부활에 대한 증거로서 빈 무덤을 들 수 있다. 그리고 이 증거의 일부로는 옮겨진 돌과 손대지 않은 채 보존된 무덤 속의 세마포도 함께 생각할 수 있다. 우리는 이 증거를 어떻게 받아들여야 할까? 어떤 이들은 아리마대 요셉이나 로마 지도자 혹은 유대 지도자들이 시신을 옮기지 않았을까 상상한다. 하지만 그런 일이 생겼다고 말할 수 있을 법한 근거가 전혀 없을 뿐만 아니라 (공식적으로 무덤을 막은 정부의 권위에 완전히 반하는 일이라는 점도 감안해야한다), 나중에 제자들이 예루살렘에 나타나 그리스도가 부활하셨다는 신앙을 선포하는데도 부활이 조작이라는 진실을 드러내기 위해 아무도 나타나지 않았다는 것은 상상하기조차 힘들다. 이미 숨겨두었던 시신 하나쯤 다시 내어 놓는 게 어려운 일도 아니었을 텐데 말이다. 다른 한편으로 제자들이 예수님의 시신을 훔친 것은 절대 아니다. 만약 그랬다면 자신들이 만든 부활이란 허상 때문에 (이 후 그들 중 대부분이 그러했듯이) 기꺼이 목숨을 내놓지는 못했을 것이다.

부활의 증거로 제자들의 삶이 완전히 바뀌었다는 점 역시 추가할 수 있다. 그들에게 일어난 어떤 일은 절망한 겁쟁이를 기독교 메시지를 전하는 강력한 전도자로 바꾸어 놓기에 충분했다.

그리고 여기에다 죽었던 예수님께서 다시 나타나셨다는 사실 역시 부활의 증거에 추가해야만 한다. 그것도 약간은 괴기스러울 수 있는 동산에서 두어 여인에게만 나타난 것도 아니고 아주 다양한 환경 가운데 있는 아주 다양한 사람들에게 나타나신 것이다. 바울은 고린도전서에서 예수님이 나타나신 사건을 기록하고 있는데 어느 시점에 예수님이 한 번에 500명의 성도들에게 나타나셨다는 사실도 언급하고 있다(고전 15:6).

부활의 가장 분명한 증거 중 하나는 유대인의 예배일인 토요일이 비정상적으로 그리스도인의 예배일인 일요일로 바뀐 점이다. 한 주의 첫 번째 날에 일어난 예수님 부활 사건만이 이 변화를 설명한다.

지금까지 언급한 증거들이 가진 영향력에 대해 우리는 어떻게 반응해야 하는가? 토마스 아놀드(Thomas Arnold)가 언젠가 말했듯, "예수 그리스도의 부활은 역사상 가장 분명하게 입증된 진실이다"라고 말하는 것은 절대 과장이 아니다. 특히 부활이 사실이라고 결론 내린 어떤 변호사들이 있다. 실제로 부활에 대한 가장 좋은 책들 중 몇 권은 변호사가 쓴 것이고 그 중 몇몇은 원래 기적에 대해 반박하기 위해 글쓰기를 시작한 사람들이었다. 프랭크 모리슨(Frank Morison), 길버트 웨스트(Gilbert West), J.N.D. 앤더슨 (J.N.D. Anderson) 등등이 내가 염두에 두고 있는 대표적인 인물들이다. 또 다른 영국의 법학자, 에드워드 클락 경(Sir Edward Clark)은 이렇게 쓴 적이 있다.

> 한 사람의 변호사로서 나는 첫 부활절에 대한 증거들을 오랜 시간 동안 연구해 왔다. 나에게 있어서 증거는 판결을 내리는 결정적인 요소이기 때문에 대법원에서 나는 충분한 설득력이 없는 증거까지도 계속해서 확보한다. 변호사로서 복음서가 제시하는 증거를 입증 가능한 사실에 대한 사람들의 증언으로 거리낌 없이 받아들인다.[1]

---

1 Clark 경은 이 부분에서 Michael Green을 인용했다. *The Day Death Died* (Downers Grove, Ill: InterVarsity, 1982), 45-46.

그러므로 예수 그리스도의 부활은 복음이다. 좋은 소식이다. 일 년에 한 번 휴일을 제공해 주기 때문이 아니다. 진실이기 때문에 좋은 소식이다. 역사상 가장 놀랍고 중요한 사실이자 진리이다.

2. "웰링턴 패배"

두 번째 예수 그리스도의 부활이 복음인 이유가 있다. 왜냐하면 적을 분명하게 쳐부순 결과이기 때문이다. 승리는 항상 좋은 소식이다. 그런데 적을 완전히 섬멸한 결과로 이어지는 승리의 소식은 한층 더 좋다.

그 예로 워털루 전투의 소식이 처음으로 영국에 도달했을 때를 생각해보자. 당시에는 지금 같은 빠른 전자 통신 기기가 없었다. 모두들 거대한 전투가 계속 진행중 인 것으로 알고 있었다. 영국 사령관 웰링턴(Wellington)이 나폴레옹을 맞닥뜨린 전투에서 어떻게 되었을지 노심초사하며 모두가 소식을 기다리고 있었다. 소식을 전달하는 일을 맡은 신호원은 윈체스터 성당 꼭대기에 배치되어 명령받은 대로 바다에서 눈을 떼지 않고 배가 오길 기다리고 있었다. 메시지를 받으면 신호원은 그 메시지를 언덕 위에서 기다리고 있는 다른 신호원에게 전달해야 한다. 그러면 그 신호원은 다시 다른 신호원에게 전달한다. 그런 식으로 전투 소식이 런던까지 도달하게 되고 다시 영국 전역으로 퍼진다. 오랜 기다림 끝에 그날따라 영국해협에 짙게 낀 안개 사이로 한 배가 시야에 들어왔다. 배 위에 있던 신호원이 첫 번째 단어를 보내기 시작했다. 웰링턴(Wellington). 다음 단어는 패배(Defeated). 여기까지 메시지가 왔는데 안개가 시야를 덮었다. 배는 더 이상 보이지 않았다. "웰링턴 패배!" 메시지는 영국 전역에 퍼져나갔고 거대한 침울함이 교외를 잔뜩 짓눌렀다. 몇 시간 후 안개가 걷히고 다시 신호가 왔다. "웰링턴이 적을 패배시켰다(Wellington defeated the enemy)." 이제 온 영국은 환호성을 질렀다.

예수님이 죽으셨을 때, 주님의 친구들은 슬픔의 나락으로 떨어졌다. 명백한 패배였다. 그러나 그 후 삼일 째 되는 날 그분이 다시 살아나셨다. 예수님이 숨을 거두었을 때 사람들은 아마 이렇게 외쳤을지도 모른다. "그리스도가 패배했다. 악이 승리를 거두었다. 죄가 이겼다." 그러나 삼 일이 지나고 안개가 걷히고 이 세상에 메시지가 도착했다. "예수님이 살아나셨다. 예수님이 적을 패배시키셨다."

3. 본질적인 교리

예수 그리스도의 부활이 복음인 이유는 많은 중요한 것들을 증명하기 때문이다. 부활은 증명되어야할 모든 것, 즉 기독교의 본질적인 교리들을 증명한다.

가장 먼저 부활은 하나님이 계신 것과 성경의 하나님이 진짜 하나님이심을 증명한다. 르우벤 A. 토레이(Reuben A. Torrey)는 이 부분에 대해 잘 설명하고 글로 표현한 사람이다. 그는 이렇게 썼다.

> 모든 결과에는 그렇게 되게 할 만한 원인이 있다…그리고 그리스도 부활에 대한 기록이라는 결과를 가져올만한 단 하나의 적합한 원인은 하나님, 바로 성경의 하나님이다. 예수님의 삶에 대한 이야기를 신중하게 읽어본 사람이라면 누구나 알듯이 이 땅에 계시는 동안 우리 주님은 팔레스타인 땅 곳곳을 오르내리시며 성경이 말씀하는 하나님, 즐겨 부르는 이름 "아브라함과 이삭과 야곱의 하나님," 신약의 하나님일 뿐만 아니라 구약의 하나님, 바로 그 하나님

을 전하셨다. 예수님은 사람들이 자신을 죽일 것이라고, 자신을 십자가에 못 박아 죽일 것이라고 말씀하셨다. 그리고 그분의 죽음이 어떤 방법으로 이루어질 것을 자세히 말씀하셨다. 더 나아가 자신의 죽은 몸이 삼 일 밤낮을 무덤 속에 머물고 나면 아브라함의 하나님이자 이삭과 야곱의 하나님, 성경의 하나님, 신약의 하나님이신 동시에 구약의 하나님, 바로 그 하나님께서 자신을 죽음에서 살리실 것이라고 말씀하셨다. 이는 엄청난 주장이다. 실로 이루어질 수 없는 주장이다. 수세기 동안 사람이 태어나서 살았고 또 반드시 죽었다. 확실한 관찰과 경험에 의해 세워진 인간의 지식에 의하면 죽음은 분명 인간의 끝이다. 그러나 바로 이 사람, 예수라는 사람은 오랜 세월동안 한결같이 인간에게 경험된 바로 그것과 자신의 삶이 정반대일 것이라는 주장을 서슴지 않고 했다…이는 분명히 예수님이 전하신 하나님의 존재를 증명하는 진정한 척도라 할 수 있다. 하나님이 직접 척도를 세우셨다. 우리 예수님은 인간이 보기에 너무도 당연히 불가능한 일을 하겠다고 하셨고 하나님은 그것을 정확하게 이루셨다…예수님이 그렇게 기적적으로 살아나신 사실은 하나님이 진정으로 계신 것과 예수님이 선포하신 하나님이 진짜 하나님이라는 것을 입증한다.[2]

다음으로 예수 그리스도의 부활은 우리 주님의 신성을 증명한다. 예수님은 이 땅에 사시는 동안 자신이 하나님과 동등하다고 주장했다. 또한 동일한 하나님이 로마 권위

---

2 R. A. Torrey, The Uplifted Christ (Grand Rapids: Zondervan, 1965), 70-71.

자에 의해 처형을 당한 자신을 삼 일 만에 죽음에서 살리실 것이라고 주장했다. 만약 예수님의 주장이 틀렸다면 그 주장은 정신이상자의 허튼소리이거나 신성모독이다. 그러나 예수님의 주장이 옳다면 부활은 그분의 주장을 입증하는 하나님의 방법일 것이다. 예수님이 주장을 입증했는가? 예수님이 죽음에서 살아나셨는가? 그렇다! 살아나셨다! 부활은 그리스도의 신성에 대한 주장에 쐐기를 박는 하나님의 확실한 징표이다. 그렇기 때문에 예수님의 부활을 알았던 바울은 "죽은 자들 가운데서 부활하사 능력으로 하나님의 아들로 선포되셨으니 곧 우리 주 예수 그리스도시니라"라고 기록했다(롬 1:4).

이것이 바로 복음이다. 만약 예수 그리스도가 하나님과 동일한 분이시라면, 하나님도 예수 그리스도와 같은 분이시다. 즉, 하나님은 우리와 동떨어져 계시거나, 혹은 제멋대로 이시거나, 혹은 비현실적인 분이 아니라는 말이다. 하나님은 당신을 사랑하셔서 당신의 죄의 대가를 친히 지불하시는 분이시다. 십자가와 부활이 우리에게 이 사실을 보여준다.

다음으로 부활은 예수 그리스도를 믿는 모든 사람이 하나님 앞에서 의롭게 되었음을 증명한다. 바울은 이 사실을 가르치면서 로마서에 이렇게 썼다.

> 예수는 우리가 범죄한 것 때문에 내줌이 되고 또한 우리를 의롭다 하시기 위하여 살아나셨느니라(롬 4:25).

이 일이 어떻게 일어났는가? 자신의 죽음이 인류의 죄를 대속할 것이라고 예수님이 주장하시면서 분명 "인자가 온 것은…자기 목숨을 많은 사람의 대속물로 주려 함이니라"고 말씀하셨다(마 20:28). 그리고 말씀하신대로 돌아가셨다. 그러나 의문은 여전히 남아있었다. 이 사람의 죽음이 하나님 앞에서 진정 다른 사람을 대신한 죽음으로 받아들여질 수 있는가? 만약 그분이 죄를 지었다면? 만약 그랬다면 그분은 다른 사람의 죄를 위해 죽은 것이 아니라 자기 죄로 죽은 것이 될 것이다. 그분이 죄가 있는가, 아니면 죄가 없어서 그분의 대속이 유효한가? 이런 질문들이 여전히 남아 있었다. 사흘이 지났다. 그리스도께서 살아나셨다. 이것으로 그분의 주장이 사실로 받아들여진다. 하나님은 부활을 통해 그리스도의 죄 없으심과 아들을 대속물로 받으셨음을 나타내셨다.

이 부분에 대해 토레이는 다음과 같이 썼다.

> 예수님이 돌아가셨을 때 그분은 나를 대신해서 죽으셨다. 그리고 나는 그분 안에서 죽었다. 예수님이 살아나셨을 때 그분은 나를 대신해서 살아나셨다. 그리고 나는 그분 안에서 살아났다. 예수님이 하늘에 오르셔서 영광 중에 아버지 우편에 앉으셨을 때, 그분은 나를 대신해서 오르셨다. 그리고 나는 그분 안에서 하늘에 올라갔다. 그리고 오늘 나는 그리스도 안에서 천국의 하나님과 앉아있다. 그리스도의 십자가를 볼 때, 나의 죄를 위한 대속이 그 자리에서 일어났음을 깨닫는다. 열린 무덤과 부활하셔서 하늘에 오르신 주님을 볼 때, 그 대속이 하나님 앞에서 받아들여졌음을 깨닫는다. 내 안에 더 이상 어떤 죄도 남아있지 않다. 그동안 나에게 얼마나 많은 죄들이 있었고 그 죄가 얼마나 참혹했는가에 상관없이 말이다.[3]

또한 예수 그리스도의 부활은 그리스도를 믿는 자들이 이 세상에서 죄에 대해 초자연적인 승리를 거둘 수 있음을 증명한다. 이 승리의 이유는 이러한 초자연적인 능력을 주시는 예수님이 살아계시기 때문이다. 이 사실은 로마서 6장에서 더 자세히 설명하고 있다. 본문 초반부에서 바울은 "그러므로 우리가 그의 죽으심과 합하여 세례를 받음으로

---

3 R. A. Torrey, *The Bible and Its Christ: Being Noonday Talks with Business Men on Faith and Unbelief* (New York: Revell, 1904-1906), 107-8.

그와 함께 장사되었나니 이는 아버지의 영광으로 말미암아 그리스도를 죽은 자 가운데서 살리심과 같이 우리로 또한 새 생명 가운데서 행하게 하려 함이라"라고 말씀한다(롬 6:4). 이 말씀의 의미는 그리스도를 믿는 모든 자들이 예수님의 능력을 사용하도록 신자들이 믿음으로 그리스도와 연합되었다는 뜻이다. 우리는 연약할 수 있고 단 일분도 유혹에 저항할 수 없는 완전히 무력한 존재일지 모른다. 그러나 그분은 강하신다. 그분은 우리에게 매순간 필요한 도움과 구원을 주시기 위해 지금 살아계신다. 승리는 내 힘의 문제가 아니라 그분의 능력에 달려있다. 내가 필요한 것은 바로 그분의 능력이다.

위 인용문의 저자 토레이는 이 부분과 관련하여 한 이야기를 예화로 든다. 네 명의 남자가 알프스 최고봉인 마터호른 중에서도 가장 고난이도 코스를 등정하고 있었다. 한 사람의 안내자, 한 사람의 등산객, 또 한사람의 안내자, 또 한 사람의 등산객이 모든 같은 로프에 순서대로 몸을 의지한 채 등정하고 있었다. 한 난코스를 넘어갈 때였다. 가장 아래에 있는 등산객이 발을 헛디디면서 완전히 균형을 잃고 말았다. 갑작스레 로프가 당겨지면서 그 바로 위에 있던 두 번째 안내자 역시 같이 균형을 잃고 실족했고 그와 함께 나머지 등산객도 함께 딸려오고 말았다. 세 남자가 절벽에 대롱대롱 매달려있는 상황이 된 것이다. 그러나 선두에 있던 안내자는 첫 번째 로프가 당겨지는 것을 느끼는 순간 그가 가지고 있던 도끼를 얼음에 박고 그의 발을 지지하면서 굳게 버텼다. 그 바로 아래 있던 등산객이 이내 발 디딜 곳을 찾았고 그 아래 안내자도 중심을 회복했으며 제일 아래 등산객도 뒤따라 안정을 찾았다. 그리고 그들은 안전하게 올라갔다.

우리 삶도 이와 같다. 인류가 얼음 절벽이란 인생을 등정하는 동안 첫 번째 아담이 그의 발을 헛디뎌 중심을 잃고 심해의 깊은 구렁 속에 거꾸로 곤두박질 쳤다. 바로 그 다음 사람도 딸려갔고 그 다음도, 그리고 그 다음도 딸려가서 전 인류가 치명적인 위험에 빠지게 되었다. 그러나 두 번째 아담인 주 예수 그리스도는 실족하지 않았다. 그분은 굳게 버텼다. 산 믿음으로 그분에게 연합된 모두는 오르던 산을 안전하게 다시 오를 수 있게 된다.

마지막으로 예수 그리스도의 부활은 우리 각자의 부활을 증명하는 동시에 죽음 후에 영광 중에 예수님과 함께 살게 될 것을 증명한다. 예수님이 이 땅에 계실 때 말씀하셨다.

> 내 아버지 집에 거할 곳이 많도다 그렇지 않으면 너희에게 일렀으리라 내가 너희를 위하여 거처를 예비하러 가노니 가서 너희를 위하여 거처를 예비하면 내가 다시 와서 너희를 내게로 영접하여 나 있는 곳에 너희도 있게 하리라(요 14:2-3).

예수님은 우리 거처를 예비하고 계신다. 그분을 신뢰하는가? 예수님의 말씀이 진실인가? 만약 주님의 가르침이 옳다는 사실을 부활이 입증하고 있다면 이 말씀도 예외가 아니다. 그분을 믿는 당신이나 저를 포함한 그리스도인들은 주님의 말씀을 확신을 가지고 받아들일 수 있다. 이 땅에서의 삶은 물음표로 끝나지 않는다. 예수님으로 끝난다. 우리는 그분과 함께 있을 것이다.

4. "와서 배우라"

지금까지 왜 예수 그리스도의 부활이 역사상 들어본 소식 중 최고의 소식인지 세 가지 타당한 이유를 들어 설명했다. 바로 (1) 진실이기 때문이고 (2) 적을 분명하게 쳐부순 결과이기 때문이며 (3) 여러 중요한 진리를 증명하기 때문이다. 그런데 네 번째 이유도 있다. 예수 그리스도의 부활이 복음인 이유는 우리 각자에게 생명을 좌우하는 믿음의 반응을 요구하기 때문이다. 당신을 위해 죽으시고 먼 옛날이라고만 느껴지는 부활의 날에 다시 살아나신 주님 앞에 믿음으로 반응한 기억이 있는지 묻고 싶다.

어떤 소식들은 그 성격에 있어서 제한적이다. 모두에게 적용되는 것이 아니라 한두 사람의 개인에게만 적용이 된다. 직장에서 승진하는 것은 승진하는 당사자에게는 좋은 소식이지만 그로 인해 직장을 잃게 된 두세 사람에게는 그렇지 않다. 선거의 결과는 승리한 정당에게는 좋은 소식이지만 진 쪽에는 그렇지 않다. 연방 소득세 인하라는 소식마저도 세금을 내는 사람에게만, 혹은 그 소식이 적용되는 국가에 살고 있는 사람들에게만 좋은 소식이다. 인류에 들리는 거의 대부분의 소식은 제한적이다. 그러나 부활의 좋은 소식은 모두를 위한 것이다.

복음을 들었는가? 그것을 믿었는가? 살아계신 주님을 전적으로 신뢰하는가? 이것이 기독교의 정수이다. 이 정수는 교회의 예배 의례에서도 찾을 수 없고, 중요하다고 하는 기독교 신학의 특정한 체계에서 찾을 수 있는 것도 아니다. 기독교는 그리스도, 다시 사신 그리스도 그 자체이다. 그분은 당신을 위해 죽으셨고 다시 사셨다. 당신은 그분께 나아가지 않겠는가?

11장

예수님과 부활

우리는 성경을 읽으면서 자연스럽게 성경이 묘사하고 있는 사건과 인물에 몰입하고 나 자신의 상황과 동일시하게 된다. 그것은 아주 사실감 있게 표현되고 있기 때문이다. 아테네로 향한 바울의 여정이 표현된 장면에서도 마찬가지이다.

이 방문은 바울의 2차 전도여행 중에 일어났다. 바울은 피곤했다. 이 방문이 있기 조금 전 바울과 그의 동행인인 실라와 디모데는 마케도니아에서 그들을 부르고 있음을 듣고 소아시아에서 그리스 북부로 넘어가 그 지역을 통과했다. 그리스 북부 마케도니아 지경에서 그들은 함께 사역했다. 그러다 해안을 따라 내려오는 길에 실라와 디모데는 베뢰아 지역 사역을 위해 그곳에 남았고 바울은 아테네에 홀로 내려왔다. 바울이 아테네에 있었던 것은 단지 동료들을 기다리기 위해서였던 것이 분명하다. 그러나 기다리는 동안 바울은 아테네에 우상이 가득한 것을 보고 점차 마음이 괴로워졌다. 그 현실에 대해 그는 사람들과 논쟁하기 시작했다. 그리고 결국에는 아레오파고스 재판정에 서서 연설할 기회가 주어졌다. 여기서 한 바울의 설교가 사도행전 17장에 기록되어 있다. 저자 누가는 바울이 "예수님과 부활"의 좋은 소식을 전했다고 기록한다(18절).

만일 길고 다채로운 사도 바울의 삶 가운데 이 시대 미국에 살고 있는 그리스도인의 환경과 비교가 능한 부분이 있다면 바로 이 부분이 아닌가 생각한다. 아테네의 문화는, 현대 많은 사람들이 미국을 평가할 때 말하는 것처럼, 역사적으로 이미 절정기를 지난 시점이었다. 이미 정오를 지나긴 오후의 내리막으로 접어들었다. 당시 아테네의 문화는 페리클레스 때의 위대한 황금기를 장식했던 활력 넘치는 정신과 예술적 탁월함은 찾아볼 수 없었고, 떠도는 최신 이야기들이나 호기심을 불러일으키는 진기한 것들에 대해서만 공허하게 이야기를 나눌 뿐이었다. 아테네는 미신적 종교에 심취해 있었지만 동시에 이상하리만치 세속적이었다. 마치 현대 우리 사회처럼 말이다. 물질주의적인 생각으로 가득 차 있었다. 이러한 배경 가운데 한 사람이 왔다. 이 남자는 유대교를 배반한 랍비로서 떠돌이 유대인 전도자 나사렛 예수님의 삶과 죽음과 부활을 통해 최근 하나님의 결정적인 역사가 나타났다고 믿는 사람이었다. 이 복음만이 세상을 변화시킬 수 있다는 확신에 찬 사람이었다.

우리는 바울과 같다. 지쳐있다. 역사의 무게에 대항하여 홀로 있다고 느낀다. 그러나 바울이 그 성읍을 볼 때 전하지 않고서는 견딜 수 없는 각성이 있었듯이, 당신과 내가 그러해야한다. 우리 세상이 아테네에 못지않게 복음에 목말라 있기 때문이다.

1. 하나님을 선포하는 것

아레오파고스라는 단어는 몇몇 초기 번역본들이 번역한 것처럼 아크로폴리스 반대편에 있는 마르스 언덕의 특정한 장소를 가리키는 말이 아니다. 대신 아테네를 이끌었던 사람들의 공회 자체를 일컫는 말이었다. 바로 이 공회 앞에서 바울이 연설을 한 것이다. 바울 앞에 있는 사람들은 성읍에 퍼져있는 가르침이 무엇인지 알아보고 그 가르침을 규

제하도록 위임을 받은 사람들이었다. 바울이 예수님을 전했을 때 어떤 이들은 바울을 쓸데없는 "말쟁이"라고 생각했다. 그들이 바울을 지칭할 때 쓴 이 말은 아리스토파네스가 씨앗을 쪼아 먹는 새의 모습을 묘사하면서 쓴 말이었다. 그 말은 철학을 장난삼아 잠깐 손대는 사람이라는 뜻으로 (당시 아테네에서 유명했던 철학체계인) 스토아 학파나 에피쿠로스 학파와 같이 정형화된 체계를 갖추지 않은 채 철학을 논하는 사람을 일컫는 말이었다. 다른 이들은 바울이 "이방신"을 옹호하는 사람이라고 생각했다. 전자와는 다르게 후자는 심각한 평가였다. 왜냐하면 소크라테스가 처형당할 때의 혐의가 이와 같았기 때문이다(사실 소크라테스의 혐의는 무신론이었다-역주). 그러니까 바울이 그의 가르침에 대해 설명하도록 불려 나온 것이 신기해할만한 일은 아니다.

"아테네 사람들아!" 그 시대 가장 많은 교육을 받았다는 그들을 보며 바울이 말을 시작했다.

> 너희를 보니 범사에 종교심이 많도다 내가 두루 다니며 너희가 위하는 것들을 보다가 알지 못하는 신에게 라고 새긴 단도 보았으니 그런즉 너희가 알지 못하고 위하는 그것을 내가 너희에게 알게 하리라(행 17:22-23).

바울의 가장 첫 요지가 무엇인지 보여주는 구절이다. 바울이 아테네인들에게 가장 먼저 전한 메시지는 하나님의 속성이었다. 이 말은 결코 하나님을 아는 것이 그리스도 없이도 충분하다거나 가능하다고 암시하지 않는다. 바울은 그렇게 가르치지 않았다. 여기 바울의 설교에서 가르치고 있는 하나님의 한 가지 측면은 심판과 관련하여 나타나는 하나님의 거룩하심이다. 그러나 이는 예수님의 죽음과 부활을 통해서만 깨달을 수 있다. 분명히 바울이 그의 말을 진행해 나가면서 어떤 측면이든지 간에 하나님을 아는 지식에 도달하는 단 한 가지 방법은 그리스도 안에 나타난 그분의 자기계시라는 사실을 말했을 것이다. 그래도 여전히 예수님 안에 드러나 있는 하나님이 분명히 보이기 위해서는 하나님에 대한 많은 잘못된 생각들이 벗겨져야 할 필요가 있다. 하나님으로부터 시작해야 한다고 말할 때는 이러한 의미가 내포되어 있다.

그것은 마치 바울이 집을 짓기 위해 집터를 닦는 것과 같다고 할 수 있다. 드러난 진리의 참 종교로 좋은 집을 지으려고 하는 찰나였다. 그런데 지금 집을 지으려는 터, 아테네에는 벌써 다양한 그리스 종교들이 판자촌을 이루고 있었다. 그래서 하나님께 영광이 되는 영원한 집을 지을 수 있도록 그 판자집들을 무너뜨릴 필요가 있었다.

그 때 당시 아테네를 가장 대표할 수 있는 특징은 단연 성 곳곳에 있는 신전이었다. 어쩌면 외관상 그 시대 세계에서 가장 종교적인 도시로 손꼽힐 아테네는 수많은 신전들을 세웠고 여러 그리스 신들이 머물 수 있도록 만든 거대한 판테온뿐만 아니라 서쪽의 로마와 말 그대로 동방의 알려진 모든 신을 위해서까지 머물 처소를 만들어주었다. 이에 대해 한 주석가는 이렇게 썼다.

거의 모든 공공건물이 실제로 사원이었다. 예를 들면 기록보관소 건물은 신들의 어머니의 신전이고 의회 건물은 아폴로와 주피터 신상이 들어서 있으며 아크로폴리스 아래쪽의 영화관은 바쿠스 신에게 헌정된 건물이다. 아테네의 중심지인 거대한 아크로폴리스 성채 자체가 사실 거대하고 화려한 성소의 집합체였다. 성 어디에나 건축학적 걸작인 사원과 신전이 있었고 각 건물 안에는 깎아 만든 신상이 있었다. 심지어는 명성, 에너지, 겸손, 설득과 같은 추상적인 개념을 위한 제단도 있었다. 몇몇 제단은 수년 전 역병이 도는 동안 에피메니데스가 검은 양과 흰 양 무리를 끌고 와

서 양이 드러눕는 곳 마다 제단을 만들고 제사를 지내라고 명령한 까닭에 생겨난 것들이었다.[1]

적어도 바울이 관찰한 것에 따르면 "알지 못하는 신에게" 바쳐진 제단이 있었던 것은 확실한다. 이렇게 제단이 확산되는 현상을 보고 바울이 오기 몇 년 전 한 그리스 철학자는 "아테네에서는 사람보다 신을 찾기가 더 쉽다"라고 할 정도였다(로마의 풍자 시인 페르로니우스를 가리킨다-역주).

그러나 그렇게 많은 신들이 성에 있음에도 불구하고 모두를 무감각하게 만드는 단조로움이 있었다. 그 이유는 그 모든 예술적인 우아함과 시각적 다양성을 주는 신상들이 사람에 의해 그리고 사람을 위해 만들어졌기 때문이었다. 그렇게 그리스인들은 자신이 알지도 못하는 신을 섬기기까지 하면서 이름이 무엇이든 상관하지 않고 그저 사람의 형상대로 신을 만들어왔다.

더욱이 그리스인들은 그들의 신이나 여신에게 싫증이 났다. 적어도 그들에게 있어서 신이나 여신은 참 신이었는데도 말이다. 철학에 있어서는 점차 물질주의적으로 변해갔다. 정작 에피쿠로스 자신(Epicurus, 주전 341-270)은 신의 존재

---

[1] William P. Baker, *They Stood Boldly: Men and Women in the Book of Acts* (Westwood, N.J.: Revell, 1967), 136-37.

를 부정하지 않았지만, 그를 따른 에피쿠로스 학파는 물질이 전부라고 생각했다. 에피쿠로스는 단순히 인간의 삶에 신이 개입할 수 없다고 주장했다. 여기서 출발하여 에피쿠로스 학파는 쾌락이 삶의 주된 목표라고 믿었다. 제논(Zeno, 기원전 300년경)을 자기들의 시조라고 생각하는 스토아학파는 범신론자들이자 합리주의자들이었다. 그들은 엄격한 자기 절제와 극도의 자족 상태를 유지하는 것을 주창하면서 그들이 자연과 일치 될 수 있다고 믿었다. 스토아 정신은 영국 시인 헨리(Henley)의 시, "인빅투스"(Invictus)에 나오는 유명한 시구로 표현될 수 있다.

> 나는 내 운명의 주인,
> 나는 내 영혼의 선장.

그 당시 그리스인들은 표면적으로는 종교적이었지만 속으로는 자기 스스로를 신으로 여기는 물질주의자였다.

그런데 이는 작금의 시대묘사이기도 한다. 그렇기 때문에 진짜 하나님에 대한 바울의 선포는 이 시대에도 똑같이 필요하다. 본문에 나오는 설교에서는 바울이 로마서나 다른 곳에서 한 것만큼 하나님에 대한 교리를 충분히 풀어 설명할 기회가 없었던 것이 사실이다. 하지만 그의 설교는 충분했다. 하늘과 땅을 창조하신 하나님을 전했다. 창세기 도입부가 가르치는 하나님을 선포하는 동시에 물질이 영원하다고 생각하는 일반적인 그리스 철학의 모든 가르침을 부인했다. "생명과 호흡과 만물" 등, 우리가 가진 모든 것이 하나님으로부터 왔음을 상기하면서 하나님의 자비로우신 속성에 대해 가르쳤다. 하나님께서 인류 삶의 기한을 정하시고 사람과 그들이 세운 나라가 거주할 장소의 경계를 정하셨다는 사실을 상기하면서 하나님의 섭리에 대해 가르쳤다. 나아가 하나님이 이렇게 하신 것은 "사람으로 혹 하나님을 더듬어 찾아 발견하게 하려 하심"이라고 말했다(행 17:27). 비록 바울이 여기서 하나님에 대한 교리를 짚어가며 전개하지는 않았지만 우리는 그가 쓴 여러 다른 글을 통해 단순히 하나님을 찾는 것으로는 하나님의 자비하심에 반응할 사람이 아무도 없다는 사실을 안다. 사실 그러한 과정은 오히려 사람들을 하나님으로부터 떠나게 한다. 그리고 이 사실은 바울이 본문의 설교 끝부분에 언급한 하나님의 심판이 왜 올 수밖에 없는가를 말해준다.

자, 여기 주권자이시고 자비로우신, 동시에 심판하시는

하나님이 있다. 사람들이 알아야만 하는 하나님, 그러나 알기를 거부한 하나님이 여기 있다. 그분은 아테네인들이 무시한 하나님이자 기독교가 전하는 하나님이시다. 우리 주님의 가르침을 신실하게 따른다면 그분이야 말로 우리가 전해야할 하나님이시다.

2. 종교의 실패

아테네인을 향한 바울의 두 번째 요지는 종교의 실패이다. 이 요지는 바울의 다른 요지들과 겹치는 요소가 있긴 하지만 바울의 설교 자체에서 뿐만 아니라 본문의 전체 문맥 속에서 두드러지도록 저자인 누가가 노련하게 배치해둔 부분이다. 종교의 목적은 하나님을 찾고 아는 데에 있다. 만일 종교가 하나님을 찾고 아는 것을 돕는데 실패한다면 다른 어떤 부분에서 무언가를 이루어내는가에 관계없이 그 종교는 실패한 종교이다. 바울이 살던 시대의 종교들이 정확히 그러했고 오늘날의 여러 종교 역시 이 죄목에서 제외될 수 없다. 실패한 종교는 목소리만 크지 예배자들이 하나님을 아는 데에 전혀 도움을 주지 않는다.

누가는 이러한 종교의 실패를 "안다"(19, 20절에서 종교적인 철학자들의 입을 통해 두 번 반복)와 "알지 못한다"(23절 바울의 설교에서 두 번 반복)라는 두 단어 간의 미묘한 대조를 통해 나타내고 있다. 철학자들은 지식에 대한 강한 욕구를 보였다. 그들이 바울을 아레오파고스 공회 앞에 데려가면서 바울에게 "네가 말하는 이 새로운 가르침이 무엇인지 우리가 알 수 있겠느냐? 네가 어떤 이상한 것을 우리 귀에 들려 주니 그 무슨 뜻인지 알고자 하노라"(행 17:19-20)라고 했다. 아는 것이 그들의 일이었다. 그러나 바울은 그의 설교를 시작하면서 이렇게 증언된 지식과 그들이 알지 못했던 참 하나님에 대한 실제를 대조한다.

> 너희가 알지 못하고 위하는 그것을 내가 너희에게 알게 하리라
> (행 17:23).

게다가 역설까지 더해져 있다. 철학자들은 하나님을 알지 못할 뿐 아니라 바울의 가르침을 알아듣지 못했고 동의조차 할 수 없었다. 처음에는 어떤 이들은 바울이 말쟁이일 뿐이라 하고 또 어떤 이들은 이상한 신들을 전하는 사람

이라고 하더니, 바울이 말을 마친 후에도 그와 비슷한 혼란 속에 있었다(32-34절).

3. 예수님과 부활

틀림없이 철학자들은 자신의 철학적 입장을 맹렬하게 주장했을 것이다. 그러나 그들의 주장은 종교적인 측면에서 무의미했다. 왜냐하면 진짜 하나님을 알 수 없었기 때문이다. 그 자리에 모인 모든 사람들 중에서 자신이 말하는 것에 대해 정확히 알고 있었던 사람은 단 한 사람 뿐이었다. 바로 바울이다. 그가 단지 더 나은 교육을 받았거나 다른 이들보다 상황판단이 빠른 철학자였기 때문이 아니라 (물론 그는 분명 판단이 빠르고 좋은 교육을 받은 사람이긴 했지만), 하나님이 죽음에서 살리신 나사렛 예수님 안에서 역사에 드러난 하나님의 계시에 그의 시각이 기초하고 있었기 때문이다. 만약 바울에게 끝까지 설교할 수 있는 환경이 허락됐다면 분명히 예수님에 대해 훨씬 많은 것을 이야기했을 것이다. 사실 예수님에 대해 가르치기 직전이었다. 바울이 "우리가 그의 소생이라…하나님을 금이나 은이나 돌에다 사람의 기술과 고안으로 새긴 것들과 같이 여길 것이 아니니라"(행 17:29)하고 주장했는데, 이는 그가 성육신에 대해 가르치기 위해 운을 띄운 것이 분명하다. 하나님의 자기 계시 방법으로서 우리가 기대해야 하는 것은 한 사람을 통한 방법이라고 말하려던 참이었다. 게다가 바울이 현재와 대조하며 "알지 못하던 시대"를 언급하면서 예수님이 "성경대로…우리 죄를 위하여 죽으시고 장사 지낸 바 되셨다가 성경대로 사흘 만에 다시 살아나사" 많은 목격자들에게 나타나신 결정적인 시기를 염두에 두었던 것도 확실하다(고전 15:3-8). 실제 바울의 가르침이 다음과 같다.

> 이와 같이 하나님의 소생이 되었은즉 하나님을 금이나 은이나 돌에다 사람의 기술과 고안으로 새긴 것들과 같이 여길 것이 아니라 알지 못하던 시대에는 하나님이 간과하셨거니와 이제는 어디든지 사람에게 다 명하사 회개하라 하셨으니 이는 정하신 사람으로 하여금 천하를 공의로 심판할 날을 작정하시고 이에 그를 죽은 자 가운데서 다시 살리신 것으로 모든 사람에게 믿을 만한 증거를 주셨음이니라 하니라(행 17:29-31).

이처럼 바울은 원래 메시지로 돌아갔다. 바로 예수님과 부활의 메시지이다.

우리는 이 메시지의 결과를 안다. 많은 청중들이 부활에 대한 가르침이 터무니없다고 생각했고 그래서 바울은 설교를 중단할 수밖에 없었다. 심지어 얼마 지나지 않아 아테네를 떠났다. 그러나 진리의 진실성 여부는 얼마나 많은 사람들이 경멸하느냐 그렇지 않느냐에 달려있는 것이 아니라, 그 진리를 지지하는 혹은 반대하는 증거에 달려있다. 이것이 바울에게는 있었고 아테네의 철학자들에게는 없었다. 실제로 이 점이야 말로 바울이 전한 복음이 어떤 그리스 철학자가 고안해내는 무엇과 확연히 구별되는 부분이다. 그가 전한 복음은 역사적 사실에 기반을 두고 있었다.

20세기 초반 미국 종교계에 모더니즘이 전성기를 누릴 때 바울의 종교적 근본이 기독교 발생 이전에 있었던 메시아에 대한 종말론적 개념이나 이교도 신화에 뿌리를 두고 있었다고 생각하고 연구하던 관례가 있었다. 그러나 1925년 그래샴 메이첸(J. Gresham Machen)은 그러한 모더니즘 이론을 영원히 폐기하게 만드는 책을 출간했다. 사실 그런 이론들에 대항하여 그가 많은 책을 쓰기도 했다. 동정녀 탄생에 대한 신앙의 근원을 기독교 이전 유대교나 이교도 자료에서 찾는 이론들에 대항해서도 썼다. 그 책이 바로 『그리스도의 동정녀 탄생』(*The virgin Birth of Christ*)이며, 바울 관련 책은 『바울 복음의 기원』(*The Origin of Paul's Religion*)이다. 그는 다음과 같이 요약한다.

> 바울과 현대 종교 사이에 가장 큰 차이가 바로 이곳에 있다. 바울 신학(Paulinism)은 철학이 아니었다. 세상의 번뇌로부터 벗어나기 위한 지침들의 조합도 아니었다. 당연한 사실에 대한 이야기만 늘 어놓은 것도 아니었다. 그와 반대로 실제 일어난 일들에 대한 이야기였다. 게다가 당시 발생했던 일들은 아주 먼 과거 속에 감추어진 것이 아니었다. 바울이 전한 이야기는 존재하고 있는 종교 형태를 정당화하기 위해 진화를 거듭한 산물이 아니었다. 반대로 바울이 전한 복음이 기반하고 있는 예수님의 죽음과 부활은 일어난 지 불과 몇 년밖에 되지 않았다. 그래서 일어난 사실은 타당한 증언을 통해 재구성할 수 있었다. 증인들을 취조해볼 수 있었다. 그래서 바울은 자세하게 진술된 목격담에 호소한다. 고린도전서 15:1-8, 이 한 구절은 바울의 그리스도와 이교도에 있는 구원신들(savior-gods) 간의 거대한 격차를 나타내기에 충분한다. 그런데 바울신학의 성향은 한 구절에 매이지 않는다. 그가 쓴 모든 서신에서 그는 예수님의 죽음과 부활에 관한 진리에 자신의 삶을 걸었음을 피력한다. 바울이 전한 복음은 실제 일어난 사건에 관한 이야기이다. 만약 사건이 사실이면 바울 신학의 근본은 설명된다. 사건이 거짓

이면 교회는 설명할 수 없는 오류에 기반을 두고 있는 것이다.[2]

그 일어난 사건이란 무엇인가? 하나님이 자신의 진정한 위격과 속성을 나타내시고자 그리고 인류의 죄를 대속하시고자 그의 아들 나사렛 예수님을 보내셨다. 나아가 예수님 정체성에 대한 증거로서, 그분의 가르침이 진리라는 증거로서 예수님을 죽음에서 살리셨다. 예수님을 죽음에서 살리신 것은 예수님의 희생을 우리 죄를 위한 대속물로서 하나님이 받았음을 보여주는 증거였다. 게다가 부활 이후 그 앞에 나오는 모든 이들의 사랑과 예배의 대상으로서 예수님은 살아계신다. 메이첸은 이렇게 결론짓는다.

> 바울의 종교는 유대교나 이교도 신앙에서 파생된 생각들의 산물 위에 기반을 두지 않는다. 역사 속에 실재하신 예수님에 기반하고 있다. 그러나 여기서 말하는 역사적인 예수님은 현대 재구성에 의해 탄생된 예수님을 의미하는 것이 아니라 신약 전체의 예수님, 기독교 신앙의 예수님을 의미한다. 단지 제자들의 기억 속에만 살아있는 스승이 아니라 구속 사역을 완성하시고 여전히 살아계셔서 우리 사랑의 대상이신 구원자 예수님 말이다.[3]

---

2 Gresham Machen, *The Origin of Paul's Religion* (Grand Rapids: Eerdmans, 1947), 316-17.

3 Gresham Machen, *The Origin of Paul's Religion*, 316-17

이것이 바로 바울이 전했고 오늘날에도 우리가 전해야할 신앙이다. 이 세상은 예나 지금이나 관심이 없다. 바울이 그러했던 것처럼 예수 그리스도를 진정으로 알고 사랑하는 세대라면, 그리고 바울이 그러했던 것처럼 역사적인 사실에 기반을 둔 신앙을 가진 사람이라면 이 신앙을 세상에 전해야한다.

4. 그 후에 일어난 일

아테네에서 행했던 전도를 통해 바울이 크게 실망했다는 점은 생각해볼 만하다. 왜냐하면 이후 그가 고린도로 갈 때 전도의 접근 방법을 바꾼 것으로 보이기 때문이다.

> 형제들아 내가 너희에게 나아가 하나님의 증거를 전할 때에 말과 지혜의 아름다운 것으로 아니하였나니 내가 너희 중에서 예수 그리스도와 그가 십자가에 못 박히신 것 외에는 아무 것도 알지 아니하기로 작정하였음이라(고전 2:1-2).

변화가 실제 있었다면 그것은 아마도 그가 전했던 복음에 대해 별로 큰 반응이 없었기 때문일 것이다. 어떤 교회도 세워지지 않았다.

아테네에서 바울이 한 설교에 큰 반응은 없었지만 그럼에도 불구하고 약간은 있었다. 나중에 고린도교회에 바울이 편지하면서 "형제들아 너희를 부르심을 보라 육체를 따라 지혜로운 자가 많지 아니하며 능한 자가 많지 아니하며 문벌 좋은 자가 많지 아니하도다"라고 말한다(고전 1:26). 여기서 "많지 않다"는 말이 "아무도 없다"는 말은 아니다. 당시 아테네에 있던 고대 사회에서 가장 지혜로운 자나 문벌 좋은 자 가운데서도 하나님이 들을 귀를 주시고 말씀에 반응하여 예수님을 믿게 할 만큼 은혜 받은 자가 몇몇 있었다. 어떤 사람들은 "조롱"했다. 어떤 사람들은 결심을 미뤘다("이 일에 대하여 네 말을 다시 듣겠다" 행17:32). 그러나 몇몇 사람들은 믿었다. 그 중에는 바울이 섰던 공회 회원 중 한사람인 디오니시우스("아레오바고 관리")와 다마리라는 이름의 여자와 또 다른 몇 명이 있었다.

당신이 지금까지 예수님을 믿지 않았다면, 이제는 위의 나열된 이름 중에 포함되는 것이 어떤지 제안하고 싶다. 나는 도전할 뿐이다. 그러나 하나님은 명령하신다. 바울은 이렇게 말한다.

> 이제는 어디든지 사람에게 다 명하사 회개하라 하셨으니 이는 정하신 사람으로 하여금 천하를 공의로 심판할 날을 작정하시고 이에 죽은 자 가운데서 다시 살리신 것으로 모든 사람에게 믿을 만한 증거를 주셨음이니라 하니라(행 17:30-31).

The Christ of the Empty Tomb

12장

부활을 전한다는 것

　부활 교리는 굉장히 중요하다. 고린도전서 15장은 이 교리를 아주 철저히 다루는 동시에 믿음장이라 불리는 히브리서 11장과 사랑장이라 불리는 고린도전서 13장을 함께 읽도록 독려한다. 고린도전서 13장 말미에서 바울은 "그런즉 믿음, 소망, 사랑, 이 세 가지는 항상 있을 것인데" 하면서 세 가지 주제를 언급한다(13절). 부활이 기독교 소망의 핵심이라는 점을 감안하면, 히브리서 11장은 믿음을, 고린도전서 15장은 소망을, 고린도전서 13장은 사랑을 말하고 있다. 부활은 기독교의 이 세 가지 핵심 교리 가운데 하나이다.

　고린도전서 15장은 58개의 절로 이루어진 긴 장이다. 하지만 그 개요는 간단하다. 첫 번째 부분(1-11절)에서 바울은 부활의 진리에 대해 이야기한다. 두 번째 부분(12-34절)에서는 부활의 중요성을 다룬다. 세 번째 부분(35-49절)에서는 (여담의 성격이 있는 언급으로서) 부활의 몸에 대해 주목한다. 이 부분은 어떤 이의에 반박하는 성격이 강하다. 마지막 부분(50-58절)에서는 부활과 그에 수반되는 사망의 종식을 통한 우리의 승리를 이야기한다. 우리가 흔들리지 않고 견고히 서서 항상 하나님의 일에 힘쓰는 자가 되어야 한다는 것이 바울이 맺는 결론이다.

1. 부활 진리

바울이 1절부터 11절 사이에서 염두에 두고 있는 것은 분명 처음부터 복음 메시지의 일부로 자리 잡았던 부활의 역할과 그 부활을 포함하는 복음 메시지 전체이다. 여기서나 다른 본문에서도 언급하듯이 바울은 자신이 다른 사도에 비해 상대적으로 늦게 사도직을 맡았음을 알고 있다. 그는 진정으로 사도였고 이방인을 위한 대사로 임명 받았다. 그러나 열두 사도에는 포함되지 않았다. 그러니까 예수님이 이 땅에서 사역하시는 동안 주님과 함께 하지 못했다. 십자가와 부활을 직접 목격하지 못했다. 그 때문에 바울이 진짜 복음을 모른다느니 그래서 여기 15장에 나오는 부활에 대한 "어림짐작"을 포함해서 자신만의 신학을 어느 시점에서 계발했다느니 하는 가정이 난무할 수 있다. 아마도 그의 사도직을 비판했던 자들의 주장이 이와 같은 것이었을 것이다.

바울은 여기서 절대 그렇지 않다고 말한다. 정반대로 그가 다른 이들에게 전한 복음은 자신이 직접 받은 것이었다. 그는 가장 먼저 목격한 자들로부터 복음을 받았다. 그러므로 그가 전한 것과 그들이 전한 것은 동일한 하나의 복음이었다. 즉, "성경대로 그리스도께서 우리 죄를 위하여 죽으시고…성경대로 사흘 만에 다시 살아나셨다"는 메시지였다 (3-4절).

이 사실은 매우 중요하다. 바울이 자기만의 신학을 발명한 것이 아니라는 것을 의미하기 때문이다. 고린도전서 15장과 여러 글들을 통해 그가 전달하고 있는 바는 오늘날 특정 독일 신학자들이 주장하는 것처럼 교회사 초기 기독교 신학자가 꾸며낸 발명의 산물도 아니고, 교회가 경험한 영적 체험을 신성시하면서 발전된 어떤 결과물도 아니다. 대신 복음은 맨 처음부터 교회에서 울려 퍼진 메시지였다. 교회의 시작부터 모두가 알고 있었다. 예수님이 성경대로 사시고 죽으시고 묻히시고 다시 사셨다는 그 사실에 복음은 기반을 두고 있었다. 예수님의 삶과 사역은 예전부터 예고된 하나님의 계획대로 이루어진 것이었다.

그래서 우리가 기독교 신앙에 대해 이야기를 할 때 기독교가 철학적인 함축을 담고 있음에도 불구하고 철학에 대한 이야기가 주를 이루지 않는다. 기독교가 도덕적인 함의를 담고 있음에도 도덕체계에 대한 이야기를 하지 않는다. 우리는 진리에 대해 이야기한다. 역사에 실제로 일어났던 사실, 이 세상을 완전히 바꾼 사실에 대해 이야기 한다.

오늘날 부활에 관해 논의할 때 우리는 관례적으로 부활의 증거를 다룬다. 증거는 많다. 첫 번째 증거는 부활을 증언하는 네 개의 복음서에 담긴 이야기 자체이다. 이 이야기들을 신중히 분석하다보면 복음서가 꾸며낸 이야기가 아니라는 점이 분명해진다. 복음서가 날조될 수 있는 방법은 단 두 가지인데, 둘 다 우리가 아는 사실과 들어맞지 않는다. 하나는 각기 독립적으로 꾸며냈거나, 아니면 서로 공모해서 만들어냈거나 둘 중 하나이다. 각기 독립적으로 꾸며냈다면 서로 이야기가 너무 달라서 전혀 다른 이야기를 하는 복음서가 나왔을 것이다. 이는 실제와 전혀 다르다. 그리스도인인지를 막론하고 아무라도 복음서가 동시대를 산 동일 인물들에 관한 동일한 이야기를 하고 있다고 본다. 그렇다고 저자들이 서로 공모해서 꾸며낸 이야기도 아니다. 마태, 마가, 누가, 요한이 한 자리에 모여서 이렇게 이야기를 하는 것이다. "예수라는 인물의 부활을 가정한 이야기를 한 번 써보자." 만약 그랬다면 복음서 간에 지금 우리가 발견하는 작은 차이들이 없어야 한다. 우리는 신중한 비교를 통해 그 상세한 부분들이 조화를 이루고 있음을 알 수 있다. 우리가 목격담을 들으면 흔히 보게 되는 그런 차이들이다. 그러나 만약 저자들이 이야기를 공모하여 날조했다면 이런 차이들은 분명히 제거될 만한 것들이다. 예를 들면 그들 중 한 사람은 무덤에 간 여인이 하나라고 기록하고 또 다른 사람은 여러 사람이라고 기록하도록 내버려두지는 않았을 것이다. 명백한 모순점을 알아채고 어느 한쪽으로 수정했을 것이다.

그러면 결론은 무엇입니까? 부활 사건이 상호 독립적으로 날조된 것도, 공모하여 짜깁기된 것도 아니라면 분명하고도 필연적인 결론은 사건의 기록이 진짜라는 것이다. 다시 말해 복음서는 저자들이 하고 싶은 말을 하고 있는 기록이다. 즉, 개인적인 경험을 통해 진짜라고 알고 있는 것을 증언하고 있다.

두 번째 증거는 빈 무덤이다. 시체가 사라졌다. 이보다 분명한 사실은 없다. 부활이 일어나지 않았다면 시체는 어디로 갔을까? 예수님을 적대시한 자들이 훔쳐갔다? 과연 "예수님의 제자들이 시체를 훔쳐서 감춰두고 그가 부활했다고 말할 것이니까 우리가 먼저 훔쳐가자. 그러면 그들이 전도를 시작해도 적어도 우리가 시체가 어디 있는지 아니까 문제가 없을 것이다"라고 그리스도의 적대자들이 작전을 짰을까? 만약 그랬다면 제자들이 부활을 전하기 시작했을 때 그리스도의 적대자들이 시체를 공개하지 않았다는 것은 설명이 되지 않는다. 제자들이 전하는 복음을 가장 쉽게 사그라들게 하는 방법은, "기독교는 완전히 근거 없는 사실을 말한다. 예수님의 시체가 아직 우리에게 있지 않느냐. 봐라! 여기있다!" 이렇게 이야기하는 것이다. 그랬다면 기독교는 싹이 트기도 전에 잘려나갔을 것이다. 예수님의 적대자들이 시체를 공개하지 않았다면 당연히 그 이유는 없었기 때문이다. 당신은 이렇게 말할지도 모른다. "에이,

그렇다면 제자들이 가져갔겠지. 아마 그들이 숨겨놓고 부활을 전했을 것이다." 만약 그랬다면 이후에 베드로, 요한, 야고보, 등과 같은 사람들이 완전히 날조된 사실인 것을 알면서도 실제로 목숨을 내어놓았다는 사실은 어떻게 설명해야 하는가? 사람들은 미신을 위해 자신을 희생하지 않는다. 예수님의 적대자도, 예수님의 친구도 시체를 가져가지 않았다면 시체는 그 자리에 있었다. 예수님의 시체는 예수님의 예언대로 무덤에서 다시 살아나셨다.

세 번째 증거는 세마포이다. 예수님을 쌌던 세마포가 무덤 속에 남아있었다. 더욱이 누군가 시체를 싣고 가려고 세마포를 풀어 헤칠 때 흔히 예상되는 것처럼 세마포는 무덤에 흩어져있지 않았다. 세마포는 시체를 쌌던 그대로 그 자리에 있었다. 몸을 쌌던 천을 몸이 있던 그 자리에 있었다. 머리를 쌌던 수건도 머리가 있던 그 자리에 있었다. 이 사실을 어떻게 설명해야 하는가? 단 하나 가능한 설명이 있다면 그것은 몸이 세마포를 통과해서 빠져나오는 것이다. 나중에 닫힌 문을 통과하셨듯이 말이다.

네 번째 증거는 제자들의 변화된 삶이다. 그들은 겁쟁이였다. 베드로가 그랬듯이 공적인 자리에서 예수님을 주로 고백하기를 두려워했다. 그랬던 그들이 예수님이 못 박혔던 바로 그 성에서 예수님을 못 박았던 바로 그 사람들 앞에 서서 외칠 수 있을 만큼 완전히 바뀌었다.

> 그가 하나님께서 정하신 뜻과 미리 아신 대로 내준 바 되었거늘 너희가 법 없는 자들의 손을 빌려 못 박아 죽였으나 하나님께서 그를 사망의 고통에서 풀어 살리셨으니 이는 그가 사망에 매여 있을 수 없었음이라(행 2:23-24).

기적이 아니면 그 무엇도 이러한 변화를 만들 수 없다.

마지막 다섯 번째 증거이자 부활의 증거 가운데 말하기를 가장 즐기는 것은 기독교 예배일이 유대인들이 지키던 안식일(토요일)이 아니라 한 주의 첫째 날인 일요일로 정해졌다는 사실이다. 초대 그리스도인은 유대인이었다. 유대인들은 한 주의 일곱 번째 날에 예배를 드렸다. 왜냐하면 하나님이 "일곱째 날은 네 하나님 여호와의 안식일"(출 20:10)이라는 말씀을 통해 그 날을 예배일로 선택하셨기 때문이다. 그런데 어떤 논의도 없이, 분명히 어떤 논쟁도 전혀 없이, 교회 예배드리는 날이 갑자기 한 주의 일곱 번째 날에서 첫 번째 날로 바뀌었다. 왜 그랬을까? 틀림없이 초대 그리스도인들은 예수님이 한주의 첫 번째 날 죽음에서 살아나셔서 그들을 만나셨음을 믿었기 때문이다. 그래서 유대교 오랜 전통을 지키는 대신 부활을 기념하기 시작한 것이다.

이 모든 것들이 예수님 부활의 위대하고 강력한 역사적인 증거들이다. 그런데 고린도전서 15장을 읽어나가다 보면 바울이 이 가운데 어떤 것도 이야기하지 않음을 발견한다. 대신 부활하신 주님을 만난 이들에 대해 말하고 있다. 그 이유는 만약 베드로가, 열두 제자가, 일시에 오백여 형제가, 야고보가, 모든 사도가, 맨 나중에 바울까지 예수님을 보았다면 보기에 따라서는 어떤 다른 주장도 더 이상 확실히 부활을 증거 하기가 힘들기 때문이다. 이렇게 많고 다양한 개인의 증언은 이미 날조의 가능성을 넘어 그들의 존재 자체만으로도 부활의 역사적 진실성에 대해 압도적으로 증명한다.

앞서 이야기 했던 것을 한 번 더 반복한다. 기독교는 세상의 다른 종교들과 달리 애당초 관념의 종교가 아니다. 우리는 관념을 좋아한다. 대학에서 종교관련 과목을 들어보라. 관념들로 가득 차 있음을 볼 것이다. 현존하는 종교의 모든 형태에 들어있는 관념을 공부할 것이다. 그 가운데 당신에게 만족감을 줄 만한 종교를 고르는 것은 자유이다. 하지만 기독교의 방법은 이것이 아니다. 기독교는 역사적 사실과 관련이 있다. 그래서 당신이 좋든 싫든, 당신 마음에 들든 들지 않든, 기독교는 일어난 사실이다. 모든 것이 성경이 말씀한 대로 예수님이 죽으시고 (그분이 정말 죽어서) 무덤에 묻히시고, 죽음에서 다시 부활하셨다는 바로 그 사실 말이다.

2. 부활의 중요성

누군가 이렇게 말할 수도 있다. "그런데 부활이 진짜 일어났는지가 무슨 상관인가? 나는 별로 말싸움하고 싶지도 않다. 진리니까 진짜 일 수 있다. 부활은 내게 아무런 의미가 없다. 도대체 그게 내게 왜 중요한 사건인지 이해가 가질 않는다." 바울은 12절 이하에서 이 점에 대해 다룬다.

사도 바울이 본문을 통해 가장 먼저 하는 일은 그리스도의 부활과 우리가 부활할 것에 대한 소망, 이 두 가지가 불가분의 관계임을 언급하면서 둘 사이를 연결하는 것이다.

사람들은 지적인 기준으로 두 가지를 나눌 수 있다. 당신은 이렇게 말할 수 있다. "예수님의 부활은 하나의 사건이고 나의 부활은, 만약 있다면, 또 다른 사건이다. 둘 사이가 논리적으로 이어져야할 이유는 없다." 하지만 바울은 이런 궤변을 뭉개버린다. 한쪽에서 부활이 있다면 반대쪽에도 분명히 부활이 있을 수 있다고 주장한다. 그러니까 본문에 깔려있는 큰 질문은 간단하다. 부활이 여러 번 일어날 수 있는가? 만약 그렇다면 우리 부활과 예수님 부활은 하나의 범주에 속한 것이므로 우리는 논쟁을 그만 둘 수 있다.

바울 시대 사람들은 부활이 없다고 가르쳤다. 이러한 시각은 아마도 구원은 육의 세계가 아닌 영의 세계에만 해당하는 일이라고 주장하면서 영과 육을 철저히 나누던 그리스 철학에서부터 파생된 것 같다. 그리스인들에 의하면 사람이 구원을 받는 길은 이성에 의한 길이라 생각했다. 죽음은 해방이다. 이런 견해에 대해 바울은 다음처럼 대답한다.

"보라. 만일 부활이 없으면 예수 그리스도의 부활도 일어나지 않았을 것이다. 죽은 자가 살아나는 일이 없으면 예수님은 살아나지 않았을 것이다. 생각해 보라. 예수님이 다시 살아나신 일이 없으면 당신의 믿음도 헛되고 여전히 죄 가운데 있을 것이라는 점을 명심해야 한다. 어떤 영적인 소득에 관한 한 복음은 쓸모없는 것이다"(참고. 16-17절).

"나아가 우리가 전파하는 것도 쓸모없는 것이다. 그리고 우리는 거짓 증인으로 밝혀진다"라고 바울은 말한다(참고. 14-15절). 엄청난 용기가 필요한 말이다. 그러나 모든 전도자가 이와 같은 용기를 지니길 소망한다. 부활을 믿지 않는 많은 사람이 있다. 오늘날 사역자들을 대상으로 실시한 여론조사에서 부활을 믿지 않는 사람들의 비율이 높게 나왔다. 얼마 전 한 여론 조사에서 신학교 교육을 받지 않은 사역자 가운데 40퍼센트가 예수님이 실제로 육신을 통해 죽음에서 다시 살아나셨다는 사실을 믿지 않는다고 대답했다. 어느 정도 신학교 교육을 받은 사람들 사이에서는 60퍼센트 정도로 믿지 않는 수치가 오히려 높게 나왔다. 신학교 졸업생들은 70퍼센트가 나왔다. 제발 아니길 바라지만, 박사 학위 과정으로 올라가면 불신의 비율은 80퍼센트 대라고 한다. 80퍼센트가 그리스도의 부활을 믿지 않는다! 바라기는 부활이 없다는 결론에 이른 사람들이 '부활이 없으면 그들이 전하는 것도 쓸모없다'라고 하는 바울이 가진 논리적 일관성을 가지고 있어서 설교를 그만두었으면 좋겠다.

바라기는 부활을 믿는 사람들을 위해 그들이 자리를 내주었으면 좋겠다.

믿음은 마땅히 초자연적인 현상, 말하자면 단순한 물리적 현상을 뛰어넘는 현실의 차원을 다룬다. 부활은 이러한 차원이 있음을 증명한다. 부활이 없다면 초자연적인 요소도 없다. 당신이 지금 살고 있는 삶 외에는 아무것도 의미 없다. "내일 죽을 터이니 먹고 마시자 하리라"하면서 종교가 없는 이들이 하는 것과 똑같이 해도 상관없다(32절).

진정한 설교는 결코 당신이 기독교를 기만하게 만들지 않는다. 당신이 반드시 이 문제의 끝을 보게끔 만든다. 예수님은 정말 죽음에서 살아나셨는가? 당신이 솔직하게 이 질문에 부정적으로 답할 수밖에 없다면, "아니다, 그는 살아나지 않았다. 증거가 그 결론을 지지하지 않는다"라고 대답할 수밖에 없다면 종교에 관심을 끊으라. 삶에 열중하라. 기회가 있을 때 스스로의 삶을 즐기라. 그러나 만약 예수님이 죽음에서 살아나셨다고 믿는다면 적용되는 논리는 같다. 기독교를 기만하지 말라. 그리스도께 자신을 헌신하고 하나님을 위해 사는 진지한 일에 열중하라. 지금 삶은 끝이 아니다. 이 후에 또 다른 삶이 있다.

어느 날 당신은 창조자 앞에 설 것이다. 그리고 이 육신을 입고 무엇을 했는지 대답을 할 것이다.

> 나는 부활에 대해 믿는 편이었습니다. 그러나 나는 세상 속에 살았고 세상을 위해 살았습니다. 그리고 내가 찾을 수 있는 한 재미를 찾아 많이 누렸습니다. 미래는 어떻게든 될 것처럼 행동했고, 지금은 여기 와 있습니다. 당신께 드릴 것이 없습니다. 나는 악한 종입니다.

20절에서 바울은 역사를 휩쓰는 하나님의 계획을 소개한다. 아담까지 거슬러 올라가 어떻게 우리 모두가 아담 안에서 죽었는지를 이야기한다. 다시 그리스도까지 돌아와서 어떻게 그분 안에서 생명을 얻었는지를 보여준다. 바울은 그리스도를 부활의 첫 열매라고 부른다. 다음으로 모든 믿는 자들이 부활하게 될 시점인 마지막 수확에 대해 이야기를 한다. 최종적으로 무엇에 대한 이야기인지 놓치지 않도록 하나님 나라에 대해 다룬다.

> 그 후에는 마지막이니 (그리스도께서) 모든 통치와 모든 권세와 능력을 멸하시고 나라를 아버지 하나님께 바칠 때라…만물을 그에게 복종하게 하실 때에는 아들 자신도 그 때에 만물을 자기에게 복종하게 하신 이에게 복종하게 되리니 이는 하나님이 만유의 주로서

만유 안에 계시려 하심이라(고전 15: 24, 27-28).

역사에 드러난 하나님의 계획에 관해 생각하는 법을 배우라. 이 계획 속에서 부활이 절대 부수적이지 않음을 이해해야 한다. 부활은 "이게 사실이라면 정말 좋지 않을까" 하면서 이따금 자신의 신앙을 다독거리기 위해 그리스도인들이 되새겨보는 그런 것이 아니다. 전혀 그렇지 않다. 부활이 사실이라면 한편으로는 어느 무엇보다 중요한 사실이다. 왜냐하면 부활은 거대하고 전면적인 하나님의 계획에 당신이 어떻게 참여하는지를 보여주기 때문이다. 아담의 타락으로부터 그리스도의 삶과 죽음과 부활, 그 다음 당신 자신의 부활과 하나님 나라가 영원 속에 세워지는 하나님의 우주적인 계획. 당신은 이 계획의 일부이고 하나님의 백성들과 함께 이 계획에 참여한다.

3. 어떠한 몸으로?

이어지는 부분에서 바울은 여러 질문들을 다룬다. 누군가 묻다. "당신이 가르치는 바를 알겠다. 매우 영광스러운 진리이다. 그 계획을 믿는다. 그 계획의 일부라니 너무 기쁘다. 그런데 몇 가지 의문점이 있다. 그 중 하나는, 결국에는 모두가 죽는데 살아나는 것은 예수님 외에는 본적이 없다. 당신이 권유한 것처럼 신중하게 생각해볼 때 죽은 자가 어떠한 형태로 다시 살아날까 궁금해질 수밖에 없다. 부활은 어떤 형태로 일어나는가? 어떠한 몸으로 오는가?"(참고. 35절)

영적인 일에 관해 이러한 종류의 질문을 하는 것은 어리석은 일이라고 바울은 대답한다. 과거 번역 성경들은 "이 멍청한 자"(Thou fool)라고 번역했는데 사실 바울은 이런 다소 모욕적인 어감을 의도하지는 않았다. 바울은 단지 이 생각이 어리석다는 의미로 말했다. 왜 어리석은가? 그 이유는 우리가 죽어서 묻혔다가 새 생명으로 다시 살아나는 원리를 생각할 때 반드시 알아야 하는 부분을 생각하지 않아서 그렇다. 하나님이 부활의 원리를 보여주신 것은 그 성격에 있어서 우리를 일깨우기 위한 목적이 있었음을 우리는 알아야 한다. 완벽하게 이해할 수는 없지만 부활을 기대하는 것은 자연스러운 일이다. 밀이나 옥수수 낟알을 심으면 낟알이 죽은 것처럼 보인다. 시야에서 사라진다. 하지만 조금 시간이 지나면 어떤 새롭고 다른 무언가가 나오기 시작한다. 부활은 이와 같다. 죽음과 새 생명, 변하지만 여전히 연속선상에 있는 무언가이다. 이 원리는 우리에게 부활에 대한 어떤 자연스러운 기대를 불러일으킨다고 바울은 설명한다.

"하지만 여전히 이해할 수 없다. 결국에는 그 낟알은 그와 똑같은 낟알을 만든다. 밀은 밀을 만들고 옥수수는 옥수수를 만든다. 그러면 우리 부활의 몸도 지금 우리가 가진 몸과 똑같다는 말인가? 우리에게 일어날 부활이 이런 것인가?"

바울은 이 부분에서 차이점을 말한다. "반드시 이해할 것이 있다. 우리가 부활할 때는 현재 가진 생명으로 살아나는 것이 아니라 하늘에 속한 새로운 생명으로 살아난다. 그러니까 땅에 속한 물질적 존재에 적합한 몸이 있는 것처럼 마찬가지로 하늘에 속한 영적 존재에 적합한 몸이 있다." 만약에 바울에게 더 설명해줄 것을 요구하면 이렇게 이야기

할 것이다. "완벽하게 설명하기에는 무리가 있다. 나도 아직 부활의 몸을 입고 있지 않다. 정확히 어떤 몸일지는 나도 잘 모르겠다." 그러면서도 동시에 예수 그리스도의 부활로부터 얻을 수 있는 단서가 있음을 우리에게 주지시킬 것이다. 예수님의 몸은 닫힌 문을 통과했다. 마음대로 오갈 수 있었던 것 같다. 하지만 그 몸은 진짜 몸이었다. 예수님은 "나를 만져 보라 영은 살과 뼈가 없으되 너희 보는 바와 같이 나는 있느니라"고 말씀했다(눅 24:39).

우리 모두가 반드시 알아야 할 것은 하늘에 속한 몸과 땅에 속한 몸이 있다는 사실이다. 부패한 것이 깨끗한 것을 계승할 수 없듯이 땅에 속한 몸은 하늘에 들어갈 수 없다. 하나님은 그분의 임재 가운데 살아갈 삶에 걸맞은 몸으로 우리에게 입히실 것이다.

4. 그리스도를 통한 승리

위 요지는 바울의 마지막 논점과 자연스럽게 이어진다. 우리가 받을 새로운 몸을 말할 때 바울은 우리 몸의 변화를 염두에 두고 있다. 바울이 말하고 있는 변화는 육신이 죽은 자들이 경험할 부활에만 해당하지 않고 주님이 다시 오실 때 살아있을 자들에게도 해당한다. 바울은 이것을 "비밀"이라고 부른다. 이전에는 알려지지 않았던 사실이기 때문이다. 그의 말을 이렇게 정리할 수 있다. "이제는 그 비밀이 알려졌다. 예수님은 다시 오실 것이고 다시 오실 때 모든 것을 완성시키실 것이다. 죽은 자들도 있다. 그들의 몸은 변화되고 다시 살아 공중에서 주님을 뵐 것이다. 살아있는 자들도 있다. 그들의 몸도 사망과는 완전히 구분된 몸으로 변화되어 죽었다가 다시 산 자들과 같은 상태가 될 것이다. 이 때 승리가 사망을 삼키고 죄는 물러갈 것이다."

바울이 여기서 사망을 이겼다고 말할 때는 예수님의 부활만을 염두에 두고 하는 말이 아니다. 물론 예수님이 죽음에서 부활하셨기 때문에 그러므로 그분에게 있어서 죽음은 패배했다고 우리는 말한다. 예수님에게 더 이상 죽음은 없다. 맞는 말이다. 그러나 바울은 이 말을 하는 것이 아니다. 바울이 하는 말은 다음과 같다. "마지막 부활 때에 성도가 변화되는 사건은 실로 영광스러운 장면이 아닐 수 없다. 그런데 이 장면에는 더 위대한 진리가 담겨있다. 그것은 바로 사망이 영원히 끝난다는 사실이다. 사망은 더 이상 존재하지 않는다." 그 날에 대해 바울은 이야기한다.

> 사망아 너의 승리가 어디 있느냐 사망아 네가 쏘는 것이 어디 있느냐 사망이 쏘는 것은 죄요 죄의 권능은 율법이라 우리 주 예수 그리스도로 말미암아 우리에게 승리를 주시는 하나님께 감사하노니(고전 15:55-57).

결론이 이어진다.

> 그러므로 내 사랑하는 형제들아 견실하며 흔들리지 말고 항상 주의 일에 더욱 힘쓰는 자들이 되라 이는 너희 수고가 주 안에서 헛되지 않은 줄 앎이라(고전 15:58).

부활이 없다면 주안에서 하는 우리 수고가 헛되다. 아무런 의미가 없다. 죽은 주님을 섬기는 데에 아무런 의미가 없다. 다른 사람을 섬기는 것도 아무런 의미가 없다. 그러나 부활이 있다면 바울의 결론은 큰 의미가 있다.

견고히 서라. 당신은 하나님의 진리의 바위 위에 서 있다. 아무것도 당신을 흔들지 못하게 하라. 당신을 흔들려고 하는 것들이 있다. 주의 일에 당신을 완전히 드리라. 당신의 수고가 헛되지 않다. 이 사실을 아는 한, 주 안에서 하는 나의 수고가 헛되지 않다는 것을 아는 한, 어떤 어려움이 있든지, 박해가 있든지, 조롱이 있든지 나는 견딜 것이다. 어떤 장애물이 있든지 나는 견뎌낼 것이다. 승리는 세상에 있지 않다. 승리는 예수님과 하나님 나라에 있다.

The Christ of the Empty Tomb

13장

굴복된 사망

　부활에 관한 한 고린도전서 15장의 중요성은 굳이 말할 필요가 없다. 복음서에 나오는 부활 사건 기록 다음으로는 이 장이 가장 중요하다. 그런데 꽤나 흥미로운 점을 발견했다. 부활이란 영광스러운 주제가 차지하는 비중만큼이나 혹은 그보다 더 큰 비중을 가지고 우리에게 우울한 느낌을 주는 주제를 고린도전서 15장이 다루고 있다는 사실이다. 나는 죽음에 대해 언급한다. 죽음과 부활 두 가지 주제는 서로 연결되어 있다. 우리가 죽음의 의의와 공포에 대해 생각해보아야만 부활의 중요성과 영광을 이해할 수 있기 때문이다.

　고린도전서 15장에는 죽음, 사망, 죽다라는 단어가 25번 나온다. 그리고 그와 같은 개념을 표현하는 썩을 것, 살 수 없음, 잠 등 다른 단어도 있다. 반대로 부활, 다시 살아나다와 같은 단어는 24번 나온다. 같은 개념을 의미하는 단어나

문구들도 있긴 하지만 말이다.

바울은 지금 고린도 교회에서 불거졌던 부활에 대한 의구심에 답을 주기 위해 부활을 설명하고 있다. 그러나 죽음에 대한 이야기 없이 부활을 설명할 수 없음을 깨달았다. 부활은 죽음이란 문제에 대한 해답이기 때문이다. 사망은 매우 심각한 주제이다. 하지만 이 본문은 사망이 정복당했다는 희열을 준다.

> 사망아 너의 승리가 어디 있느냐 사망아 네가 쏘는 것이 어디 있느냐…우리 주 예수 그리스도로 말미암아 우리에게 승리를 주시는 하나님께 감사하노니(고전 15:55, 57).

1. 원수, 사망

첫 번째 확실한 것은 사망이 원수라는 점이다. 본문 초반에 분명한 언어로 표현되어 있다.

> 맨 나중에 멸망 받을 원수는 사망이니라(고전 15:26).

이 점을 강조하는 것은 중요하다. 어떤 형태의 기독교 진영에서는 죄, 고통, 죽음이란 거대한 악의 세력을 부인하는 잘못된 낙관론을 가르치기 때문이다. 이 점과 관련하여 한쪽 극단으로 몰고 가는 왜곡된 기독교 이단이 있는데, 그것은 크리스천 사이언스이다(크리스천이라는 이름을 쓰지만 실은 절대 기독교가 아니다). 그러나 이러한 경향은 종종 참 기독교 진영에도 있다. 때로는 이러한 현상을 죽어가는 사람 주변에서 본다. 얼마 전 말기 암으로 투병중인 그리스도인이 자기 주변에서 일어난 일에 대해 쓴 글을 읽은 적이 있다. 그녀는 이렇게 썼다.

> 복도에 있는 거울은 나에게 병문안을 오는 사람들이 걸어오는 모습을 보여주었다. 많은 사람들이 밝은 표정을 짓기 위해 문 앞에서 잠시 멈춰선다. 그리고는 병실로 들어와서 이번 주나 그 다음 주 교회에서 무슨 일이 있을지에 대해 이야기한다. 그들은 제 병이 나은 다음 그들과 함께 할 수 있을 때를 상상하며 이야기한다. 그러나 그들도 내가 가망이 없음을 알고 있다. 죽어가고 있음을 알고 있다. 나도 내가 죽어가는 것을 안다. 그들은 죽음을 말하고 싶어 하지 않는다. 그래서 밝은 표정을 짓고 악이 존재하지 않는 것처럼 행동한다.

이 사람의 경우 악에 대한 자각뿐만 아니라 죽음에서 부활하셔서 그분을 믿는 모두에게 영생을 주시는 예수님에 대한 승리의 믿음이 있었다. 그 병실에서 죽음은 승리의 통로로 바뀌어 있었다. 그러나 항상 그렇지만은 않다. 더 흔한 경우는 병문안을 왔던 친구처럼 마지막 원수인 사망을 부정하는 모습이다.

죽음이 진짜가 아닌 듯 행동하는 것이 어떤 측면에서 더 영적이라고 생각해서 사망을 부인하지 않는가? 난 잘 모르겠다. 그런데 내가 아는 것은 이렇게 부인하는 것이 쉽게 되지 않는다는 것이다. 죄의 현실을 한 번 부인해 보라. "죄는 죄가 아니다"라고 하자. 더 영적인가? 동성애가 아무 문제가 없는 것처럼, 포르노물이 나쁘지 않은 것처럼, 경제적 부당함이나 인종 차별이 존재하지 않는 것처럼 살아보라. 당신이 그렇게 산다면 그리스도인으로서 가져야 할 사회적 관심과 개혁의 활력소를 잃을 것이고 악은 이내 감당할 수 없을 지경에 이르기까지 자라게 될 것이다. 이렇게 당신의 생각을 사회악의 영역에서 제대로 작동시킬 수 없다면 죽음에 대해서는 더 말할 나위조차 없다. 왜냐하면, 한편으로 우리가 죽음을 직면하고 있지 않을 때(적어도 우리가 사망을 생각하고 있지 않을 때)는 죽음을 부인하는 것이 우리를 만족시킬지 모르지만, 그러한 태도는 죽음을 현실로 직면하고 있는 누군가를 절대 만족시키지 못하기 때문이다. 잘못된 낙관주의는 어떤 도움도 주지 못한다.

더 나아가 나사로의 무덤 앞에서 우시던 주 예수 그리스도의 경우를 생각해보자(요 11:35). 왜 우셨을까? 어떤 이들은 예수님이 죽음이란 사실 앞에서 우셨을 것이라는 생각에 반박한다. "예수님이 직접 나사로를 죽음에서 살리실 텐데 바로 우셨던 이유가 무엇이겠는가? 예수님이 우셨던 것은 그분의 주변에 있던 믿지 않는 사람들 때문이었다." 그렇다. 불신이 있었다. 그러나 그분에 대한 불신은 다른 때에도 계속 있었고 그 때 예수님은 울지 않으셨다. 여기에서 예수님은 비극적인 상황에 깊이 공감하셨다. 마리아와 마르다의 비통에 찬 마음에 공감하셨다. 사망이 곧 원수임을 깊이 인식하셨다. 우리도 그래야 한다. 그 사실과 직면하기 시작해야 한다.

2. 궁극적인 원수

여기에 덧붙일 것이 있다. 사망은 단순히 하나의 원수 정도가 아니다. 사망은 궁극적인 원수이다. 존재하는 것 중 최악의 원수이다. 죽음에 대한 내면의 두려움을 통해 우리는 이 사실을 감지하고 있다고 생각한다. 모든 이들이 죽음을 두려워한다. 심지어 그리스도인들도 두려워한다. 그들에게 죽음의 의미가 바뀌었는데도, 그래서 때로 그 두려움을 이겨내는데도 불구하고 말이다. 왜 죽음이 두려운가? 그 이유는 죽음이 분리를 의미하기 때문이다. 우리는 떠남으로서의 죽음을 이야기한다. 마지막으로서의 죽음을 이야기한다. 죽음은 영이 떠나는 것을 뜻한다. 육신의 죽음은 영혼이 육신으로부터 분리되는 것이다.

그런데 두려움에는 또 다른 이유가 있다. 죽음은 대면이기도 한다. 하나님과의 대면이다. 구원받지 못한 사람조차도 이 사실에 대한 인식이 있다. 만약 죽음이 단순한 끝이고 단순히 누워서 모든 것이 종료되는 순간에 관한 문제라면 인간의 죽음은 동물의 죽음과 별반 다를 바가 없다. 그러나 인간은 무언가 더 있다는 것을 감지한다. 인간은 죽음이후에 삶이 있다는 것과 절대 무시할 수 없는 존재인 하나님이 계시다는 것을 느낀다. 마음 깊숙이 자신이 이 하나님에게 역행하고 있음을 알고 있다. 사람은 그분에 대하여 죄를 지었고 친밀한 관계를 맺는 데에 실패했다. 하나님에 대해 생각하며 그분과 대면한다고 예상될 때 구원 받지 못한 이들에게 구원은 큰 공포로 다가온다. 불행하게도 그리스도인조차 하나님과의 친밀한 관계에 대해 항상 확신을 갖지는 못한다. 그래서 죽음을 두려워한다.

3. 궁극적인 승리

그러나 (여기가 바로 환호성을 지르기 시작할 단계이다) 바울이 궁극적인 원수로서의 죽음을 이야기하는 동시에 궁극적인 승리에 대해서도 이야기한다. 주 예수 그리스도께서 승리를 주신다. 바울은 우리 자신의 부활이란 관점에서 우리가 얻을 승리를 말한다.

> 이 썩을 것이 썩지 아니함을 입고 이 죽을 것이 죽지 아니함을 입을 때에는 사망을 삼키고 이기리라고 기록된 말씀이 이루어

지리라(고전 15:54).

그는 이 구절을 찬양의 표현으로 끝맺다.

우리 주 예수 그리스도로 말미암아 우리에게 승리를 주시는 하나
님께 감사하노니(고전 15:57).

이것이야 말로 승리 중 승리가 아닌가! 그리스도인에게 죽음이 마지막 분리가 아님을 아는 것이야 말로 승리 중 승리가 아닌가! 죽음은 하나님의 임재를 향한 영혼의 입구이다. 그러고 나서 하나님의 때에 육신의 부활이 뒤 이을 것이다.

죽음은 우리 존재 전체와 관련하여 일어난다. 에덴동산에서 아담과 하와에게 하나님이 "선악을 알게 하는 나무의 열매는 먹지 말라 네가 먹는 날에는 반드시 죽으리라 하시니라"라고 말씀하신 후(창 2:17), 그들은 열매를 먹고 죽었다. 그들 존재의 모든 부분이 죽었다. 그들의 영과 혼과 육이 각각 모두 죽었다. 그들이 하나님 앞에서 숨음으로써 그들의 영이 죽었음을 나타냈다. 혼도 죽었다. 그 결과 화, 정욕, 미움, 질투, 자만, 우리가 아는 여러 다른 죄들이 인류의 삶

에 들어오기 시작했다. 그리고 결국 그들의 육도 죽었다.

하나님이 우리를 구원하실 때는 영, 혼, 육 모두를 구원하신다. 우리가 새로 태어나는 순간 새로운 영을 주신다. 성화의 과정을 통해 새로운 혼을 창조하신다. 부활의 순간 새로운 몸을 주신다. 이렇게 해서 우리가 받은 구원은 단순히 영적인 구원만도 혼의 구원만도 아니라 총체적인 구원이다. 하나님은 우리를 영과 혼과 육으로 만드셨고 영과 혼과 육의 모습으로 존재하길 원하신다.

데살로니가전서에서도 교회가 제기하는 질문에 답을 하면서 바울은 이 마지막 승리에 대해 묘사한다. 여기에 대해 이방인들은 별로 배경지식이 없었다. 그들의 내세에 대한 이해는 영과 혼에만 가치를 부여하는 플라톤 철학에 바탕을 두고 있었다. 그들에게 몸은 이 땅에 묶인 존재이다. 자꾸 아래로 끌어내린다. 플라톤 철학에 따르면 구원은 육신으로부터의 자유를 말한다. 이것이 그들의 배경지식이었다. 그래서 바울이 전혀 다른 관점에서 설교를 하자 그들의 머리에는 많은 질문들이 남아있었다. 그래서 이 사안에 대해 계속해서 물어왔다.

데살로니가에서 물어온 특정 질문은 주님의 재림 교리와

연관이 있었다. 그래서 그들의 질문에 답을 하고 주님의 재림이 우리에게 어떤 영향을 주는지 설명하기 위해 편지를 썼다.

> 형제들아 자는 자들에 관하여는 너희가 알지 못함을 우리가 원하지 아니하노니 이는 소망 없는 다른 이와 같이 슬퍼하지 않게 하려 함이라 우리가 예수께서 죽으셨다가 다시 살아나심을 믿을진대 이와 같이 예수 안에서 자는 자들도 하나님이 그와 함께 데리고 오시리라(살전 4:13-14).

다시 말해 예수님이 이 땅에 다시 오실 때 죽은 자들도 함께 올 것이라는 말이다. 이는 아래쪽으로 향하는 움직임이다. 그러나 그 다음 다른 움직임이 있다. 아래로 향하는 움직임은 주 예수 그리스도와 함께 있는 자들의 영혼이 내려오는 움직임이라면 반대로 죽은 자들의 몸이 올라가는 움직임도 있다. 그래서 하나님의 임재 가운데 영혼과 몸이 재결합한다.

바울의 말이다. "우리가 주의 말씀으로 너희에게 이것을 말하노니 주께서 강림하실 때까지 우리 살아남아 있는 자도 자는 자보다 결코 앞서지 못하리라 주께서 호령과 천사장의 소리와 하나님의 나팔 소리로 친히 하늘로부터 강림하시리니 그리스도 안에서 죽은 자들(의 몸)이 먼저 일어나고."(15-16절) 여기에 이어서 바울은 그리스도 재림 때 살아 있는 자들의 관점에서 이 장면을 설명한다. "그 후에 우리 살아남은 자들도 그들과 함께 구름 속으로 끌어 올려 공중에서 주를 영접하게 하시리니 그리하여 우리가 항상 주와 함께 있으리라"(17절).

위대한 성취의 장면이다. 이것이야 말로 이 장(살전 4장)에서 바울이 바라보고 있는 바이다.

4. 현재 소유한 승리

사망이 단순한 원수가 아니라 궁극적 원수이듯이 그리스도의 사역을 통한 승리도 마찬가지이다. 즉, 역설적으로 궁극적 승리뿐만 아니라 현재의 승리도 있다. 주님의 부활은 우리가 지금 경험하고 있는 죽음까지도 변화시킨다.

주 예수 그리스도 재림 이전에 죽은 신자들은 주님이 (십자가상에서 강도에게 말씀하실 때) 낙원이라고 말씀하신 곳으로 간다고 나는 믿는다. 예수님은 부자와 거지 나사로에 관한 이야기를 하시면서 그곳을 "아브라함의 품"이라고 말씀하셨다(눅 16:22). 그곳은 행복의 장소이지만 완전한 천국은 아니다. 구약에서는 죽은 자의 거주지를 스올(Sheol)이나 하데스(Hades)라 불렀다. 이곳은 두 부분으로 나눠진다. 한쪽은 아브라함의 품이나 낙원으로 알려진 믿음 안에 죽은 자들이 부활을 기다리는 곳이고 또 다른 한쪽은 예수님의 비유에서 부자가 있었던 고통의 장소이다. 어느 한쪽도 하나님의 임재 가운데 있지 않다. 그래서 주님이 십자가상 강도에게 죽음을 맞이하는 그날에 그와 함께 있을 것이라 말씀하시면서, "오늘 네가 나와 함께 천국에서 내 아버지의 임재 가운데 있으리라"고 하지 않으셨다. "오늘 네가 나와 함께 낙원에 있으리라"고 하셨다(눅 23:43). 주님은 죽으셔서 낙원으로 가셨다. 그곳에서 오실 예수님의 죽음을 미리 바라보며 죽은 자들에게 그분의 죽음이 어떤 유익이 있는지를 전하셨다. 예수님은 살아나셔서 그곳에 있던 자들을 처음으로 천국에 데려가셨다. 에베소서 4:8이 말씀하듯, "사로잡혔던 자들을" 인도하시고 "사람들에게 선물을" 주시면서 말이다. 이 때가 무덤이 열리고 믿음 안에 죽었던 자들이 예루살렘

성읍에 들어가 살아있는 성도들에게 자신을 보인 때이다.[1]

내가 말하는 요지는 사망이 그리스도의 사역으로 인해 변화되었다는 사실이다. 이전에는 기껏해야 내세에 대한 흐릿한 소망만이 있었다. 구약 성도들의 소망이다. 욥과 다윗과 다른 구약의 성도들은 벌레가 그들의 시신을 갉아먹을지라도 하나님이 그들에게 신실하게 행하심을 믿었다. 그들은 믿음이 있었다. 하지만 그 믿음은 모든 정황을 잘 알고 있거나 이해했던 믿음이 아니었다. 지금은 상황이 다르다. 예수님이 부활하셨기 때문이다. 그래서 바울은 고린도교회에 편지를 쓰면서 그가 "원하는 바는 차라리 몸을 떠나 주와 함께 있는 그것이라"고 했다(고후 5:8). 빌립보교회에 편지를 쓰면서는 빌립보 성도들의 유익을 위해 그들과 함께 육신 가운데 있고 싶은 마음이 있긴 하지만 그럼에도 불구하고 죽음이 "훨씬 더 좋은 일"이라고 했다. 왜냐하면 죽음은 영원한 하나님의 임재로 들어가는 입구이기 때문이다(빌 1:23). 이것이 우리에게 있어서 죽음의 의미이다. 죽음은 하나님의 임재로 들어가는 입구이다.

---

[1] 이는 마 27:52-53을 염두에 두고 있다. 그리스도의 음부강하에 대해서는 다양한 의견이 있다. 저자는 루터교적 해석을 하고 있는 것으로 여겨진다 - 역주

5. 우리가 아는 이것

마지막으로 지금까지 본 이 모든 것에 대한 확신을 가질 수 있는 이유는 그리스도의 부활 때문이라는 것을 당신이 깨닫길 원한다. 그리스도의 부활을 떠나서는 이 모든 관념들은 단순한 철학이자 아마 신비주의의 산물에 지나지 않을 것이다. 관념들이 사실일 수 있다. 그러나 그리스도의 부활 없는 관념은 그리스도인들이 실제 갖게 되는 확신과 자신감을 불어넣는 활력소가 될 수 없다. 우리의 확신은 어디서 시작되는가? 그것은 그리스도의 죽음과 부활에 대한 사실에 근거한 확실성에서 시작된다.

그리스도의 죽음은 실제였다. 진짜 죽음이 아니었으면 진짜 부활에 대해서 이야기 할 수 없다. 예수님은 진짜 죽으셨다. 믿지 않는 사람들이 어떤 이유로 반드시 기독교에 대한 글을 써야하는 경우가 되면 대개 다음 둘 중 하나를 부인하려고 노력한다. 진짜 부활을 부인하거나 진짜 죽음을 부인한다. 예수님의 죽음을 부인하기 위해 공을 들인 이론들이 있었다. 특히 그러한 이론들은 19세기 무렵에 많았다. 어떤 이들은 예수님이 단지 기절했다가 무덤에서 깨어났다고 주장하거나, 아니면 당시 지도자들이 다른 사람을 예수님으로 오인하여 못 박았다고 주장했다. 학자들은 이런 이론들을 심각하게 발전시켰다. 그러나 오늘날 가장 진보적이라 하는 학자들도 이런 이론을 펼치지 않는다. 예수님은 실제로 죽었다. 반드시 일어났던 한 가지 역사적인 사실이 있다면 그것은 본디오 빌라도를 통한 예수 그리스도의 죽음이다.

동시에 우리와 대면하는 것은 비단 진짜 죽음뿐만이 아니다. 진짜 부활도 있다. 진짜 몸을 입고 잡을 수 있으며 만질 수 있는 그곳에 서 계시는 진짜 사람으로, 이 상황이 실제임을 증명하시며 구운 생선을 드실 수 있는 사람으로 진짜 부활하셨다. 그분은 유령이 아니었다.

할리우드에서 부활 사건을 영화화 한 적이 있다. 만약 본 적이 있다면 그 영화가 불가피하게 부활을 전적으로 영적인 사건으로 표현했다는 것을 느끼셨는지 모르겠다. 텔레비전에서 그런 종류의 영화를 한 번 본 적이 있다. 죽음이 있었다. 충분히 생생한 죽음이었다. 로마 군인이 망치를 들어서 손을 통과하도록 못을 내리치는데 틀림없이 그곳에는 진짜 쇠와 살과 나무가 있었다. 죽음은 실제였다. 그러나 그 후 부활이 일어났는데 들을 수 있는 것은 음악뿐이었다. 주님을 볼 수도 없었다. 사람들은 부활의 기쁨으로 이리저리 뛰어다닌다. 그런데 예수님은 어디 있는가? 그분을 찾아보았다. 끝에 가서 구름 사이에 떠있는 그분의 유령 같은 모습이 나왔다. 이것은 부활이 아니다. 만약 부활이 실제로 이렇게 일어났다면 단언컨대 도마 같은 인물은 절대 믿지 않았을 것이고 베드로와 요한도 믿지 않았을 것이다. 부활은 이와 같지 않았다. 진짜 피와 살이 살아난 부활이었고 제자들은 그리스도의 몸을 만졌을 때 이 사실을 알았다. 이러한 부활 때문에 그들은 이름 모를 장소의 한 구석에서부터 로마 제국 전역에 이르기까지 기꺼이 나가서 주님의 죽음과 부활을 전했다. 그들의 주님을 부인하기보다 십자가에 못 박혀 죽는 쪽을 기꺼이 선택했다. 이것이 실제 일어난 상황이다. 신화적 부활은 이러한 확신을 주지 않는다. 그러나 진짜 부활은 확신을 불러일으킨다.

6. 그리스도라는 반석 위에

58절에 가서 바울은 고린도전서 15장의 결론을 맺는다. 바울은 굳게 서고 흔들리지 말며 주의 일에 당신 자신을 완전히 드리라고 권면한다. 우리가 주의 일에 성공할 것이라고 말하지 않은 점을 기억하라. 막연히 성공할 것이라 생각하는 우리의 기대와 달리 말이다. 주의 일을 하는 당신을 타인들이 받아줄 거라고도 말하지 않았다. 조금은 받아들여 주겠지 하는 우리의 소망과 달리 말이다. 그저 굳게 변함없이 서 있으라 말한다. 우리가 부활을 믿지 않는 한 절대 굳게 서 있을 수 없다고 말한다.

우리는 부활을 믿는가? 우리가 그리스도의 일을 할 수 있는가? 흔들리지 않을 수 있는가?

끝내야 할 일이 있다. 만약 그 일을 한답시고 부활절 메시지를 받아 우리 눈에 막연히 비치는 신비한 희망의 빛 한줄기만 들고 나가서 "예수님이 죽은 자들 사이에서 살아나셨다. 놀랍지 않는가?"라고 말 한마디 던지고서 주의 일이 마쳐지길 바란다면 자유주의 신학자들보다 그리 나을 것이 없다. 그러나 만약 우리가 믿음으로 이렇게 고백할 수 있다고 생각해보자. "예수님이 진짜 사람의 몸으로 진짜 이 세상에서 진짜 살아나셨다. 그리고 제자들이 주님과 마찬가지로 죽고 또 진짜로 몸이 다시 살아날 때까지 진짜 사역을 하도록 진짜 목소리로 위임하셨다." 이러한 고백 가운데 우리는 진리를 굳게 붙들고 정말 무언가 다른 삶을 살 수 있다.

고통과 죽음과 적개심과 죄, 이 모든 것들이 위협하고 있는 이 세상 속에서, "어떻게 우리가 굳게 설 수 있는가?" 당신은 이렇게 질문할 수 있다. 만약 당신이 예수님 위에 서 있다면 세상 속에서도 굳게 설 수 있다. 이것이 답이다. 찬송가를 통해 우리는 이렇게 고백한다.

> 세상에 믿던 모든 것
> 끊어질 그날 되어도
>
> 구주의 언약 믿사와
> 내 소망 더욱 크리라
>
> 주 나의 반석이시니
> 그 위에 내가 서리라(찬송가 488장[통일 539] 3절 - 역주)

모든 다른 기반은 모래처럼 가라앉았다. 그러나 예수님은 반석이신다. 예수님은 건축자들이 버린 돌이지만 이제 우리의 기초가 되셨고 또한 하나님의 교회의 기초이시다.

The Christ of the Empty Tomb

우리의 새 날

The Christ of the Empty Tomb

14장

부활을 기억하라

살아가면서 기억해야할 것이 참 많이 있다. 약속, 필수 정보, 아는 사람 이름, 심지어 과거에 일어난 중요한 사건들까지 기억해야한다. "알라모를 기억하라"라는 문구는 멕시코와 전쟁을 하고 있던 텍사스 주민의 구호였다. 1898년 USS 메인호라는 배가 쿠바 하바나 항에서 가라앉은 직후 발생한 스페인-미국 전쟁에서 "메인호를 기억하라" 라는 문구가 같은 목적으로 사용되었다. 제2차 세계대전에서는 "진주만을 기억하라"는 구호가 있었다. 이 구호들과 관련한 흥미로운 사실은 모두 자신들이 겪었던 패배를 떠올리게 하고 있다는 점이다. 내가 지금 말하고 싶은 구호는 이와 다르다. 내가 말하고 싶은 것은 승리에 대한 기억이다.

이제 나이가 많이 든 사도 바울은 그의 편지에서 믿음 안에서 그의 아들이 된 젊은 전도자 디모데에게 강하게 도전한다. 바울은 패기 있고 활력 넘치는 전도자로서 당시 문명화가 될 만큼 된 세상 속에서 복음을 전했다. 시리아, 시칠리아, 키프로스, 소아시아, 마케도니아, 그리스, 이탈리아까지 복음을 전했다. 그랬던 그가 그의 사역을 이어갈 사람에게 감옥에 갇힌 상황 속에서 충고와 권면의 편지를 쓰고 있다.

그가 하는 말은 사실상 이와 같다. "디모데야. 네 설교가 내가 했던 설교와 같이 강하고 실질적이길 바라느냐? 영혼을 구원하고 싶으냐? 교회가 계속해서 강건하게 서 있길 바라느냐? 그렇다면 기독교의 가장 근본적인 진리를 잊지 말거라. 특히 부활을 잊지 말거라." 바울이 실제 쓴 글은 "다윗의 씨로 죽은 자 가운데서 다시 살아나신 예수 그리스도를 기억하라" 였다(딤후 2:8). 이 문장에서 바울이 사역에서 승리할 수 있었던 실질적인 단서이자 우리가 주의 일에서 어떻게 실질적일 수 있는지를 알려주는 근거를 발견한다. 부활을 기억하라! 우리는 살면서 많은 것들을 잊어버릴 수 있다. 기독교에 관한 것도 많이 잊어버릴 수 있다. 그러나 우리가 부활을 기억한다면 사람의 영혼을 변화시키는 능력 있는 복음을 항상 소유할 수 있다.

1. 간결한 복음

우리는 위 바울의 권면에 대해 몇 가지 질문을 던질 필요가 있다. "죽은 자 가운데서 다시 살아나신 예수 그리스도를 기억하라"라고 바울은 권면하였다. 그러나 우리는 반박할 수도 있다. "바울이여, 당신이 무슨 말을 하는지 알겠습니다. 그러나 그게 그렇게 중요합니까? 왜 부활을 그토록 강조하십니까?"

몇 가지 답이 있다. 첫 번째 우리가 부활을 기억해야하는 이유는 부활을 기억하는 한, 간결한 복음(simple gospel)을 항상 소유하고 있는 것이기 때문이다. 그리고 사람들은 간결한 복음이 필요한다.

알아두라. 나는 지금 "단순화한" 복음(simplistic gospel)에 대해 말하는 것이 아니다. 단순화한 복음은 표면적인 복음라고 정의할 수 있다. 이런 복음은 문제를 진지하게 다루지 않고 상황들과 적절히 씨름하지 않는다. 아무도 삶의 어떤 영역에 대해 단순화한 대답을 듣고 싶어 하지 않고 기독교에 대해서도 분명히 그렇다. 나는 지금 이런 단순화한 복음에 대해 이야기 하는 것이 아니다. 나는 "간결한" 복음에 대해 말하고 있다. 그리고 간결한 복음은 단순화한 복음과 다르다. 이 복음을 간결하다고 하는 이유는 도무지 답이 보이지 않는 혼란 속에 간결함을 가져다주기 때문이다. 이런 측면에서 아마 위대한 과학적, 지적인 돌파구는 간결하다고 할 수 있을 것이다. 이런 돌파구가 있기 전까지 그 영역은 혼란 가운데 있다. 간결한 통찰은 혼란 속에 빛과 명료함을 가져온다. 예수 그리스도의 삶과 죽음과 부활이 중심이 되는 기독교 복음이 이와 같다. 부활은 기독교의 최종적 성취이다. 그 안에서 나머지 모든 것이 맞아 들어가는 것을 발견하길 바란다. 부활을 믿으라. 그러면 여러 가지 기적, 예수님의 완전한 신성, 성경의 영감, 다른 모든 것을 믿는데 아무런 어려움이 없게 된다. 이러한 진리들은 사람의 필요가 무엇인지 분명하게 해주며 또한 그것들이야말로 하나님께서 그리스도 안에서 제공하신 간결하지만 심오한 치료제이다.

기독교가 말하는 복음이 이 주제에 대해 항상 선명한 음을 내고 있지만은 않다는 사실은 슬픈 일이다. 선명하고 분명하게 들리는 트럼펫 소리 대신 제각기 다른 소리가 나고 있음을 우리는 종종 듣다. 그 속에 진리는 없다. 유명한 스위스 신학자 칼 바르트(Karl Barth)가 죽기 몇 년 전 워싱턴에 있는 "내셔널 프레스 클럽"(National Press Club. 워싱턴 D.C. 있는 회원제 저널리스트 모임-역주)에 초청되어 강연을 했다. "크리스차니티 투데이"(Christianity Today)의 초대 편집장인 칼 F. 헨리(Carl F. Henry)가 여러 기자들에게 바르트를 소개하고는 바르트에게 말했다.

> 바르트 박사님, 당신은 예수 그리스도의 부활에 관해 다량의 글을 썼습니다. 그리고 보기 드문 사건들을 보도하는데 익숙한 사람들 앞에 지금 서 있습니다. 당신의 관점에서, 이 사람들이 만약 첫 부활절 아침 무덤가에 있었다면 무엇을 보고 돌아가서 어떤 보고서를 작성했을지 말해주시기 바랍니다.

바르트는 복잡한 답을 내어놓기 시작했다. 그의 신학을 아는 사람이라면 쉽게 상상할 수 있듯이 기적이 사실 역사의 한 부분이 아닐 뿐 아니라 역사와 별로 관계가 없다는 그의 믿음과 관련하여 답을 늘어놓았다. 바르트에 의하면 기적은 실제지만 관찰할 수 없다.

바르트가 끝났을 때 칼 헨리가 가까이 있는 기자들을 향해 돌아서서 물었다. "방금 한 이야기를 이해습니까?" 기자가 대답하였다. "음, 잘 모르겠지만, 이해한 것 같기도 합니다. 그러니까 기적이 없다는 것 아닌가요?"

이런 종류의 혼란은 무가치하다. 진정한 부활은 성격상 혼란스런 생각을 불러일으키지 않는다. 그리스도는 말 그대로 육체적으로 부활하셨다. 우리는 그것을 믿는다. 그것을 가르친다. 더 나아가 사람들은 이런 가르침을 이해한다. 한 번은 해리 트루먼(Harry Truman) 전 대통령과 그의 동료 민주당 의원 아들라이 스티븐슨(Adlai Stevenson)이 현대식 건물 높은 층에 있는 한 사무실에서 대화를 나누고 있었다. 스티븐슨은 정치에서 계속되는 실패로 비탄에 잠겨있었다.

"해리, 나에게 무슨 문제가 있는 건가?" 그가 답을 구하며 중얼거렸다. 트루먼은 창가로 걸어가 저기 아래에 바삐 걷고 있는 사람들을 가리키며 말했다. "자네는 저기 아래 있는 저 사람에게는 말을 걸지 않고 있네."

불행하게도 그리스도인들 역시 종종 자신과 동떨어져있는 사람에게 메시지를 전달하지 못한다. 하지만 역사적이고 입증 가능한 부활에 우리 복음이 기반하고 있는 한 실패할 이유가 없다.

2. 초자연적인 복음

두 번째 우리가 부활을 기억해야하는 이유는 우리가 부활을 기억하고 있는 한, 초자연적인 복음을 항상 소유하고 있는 것이기 때문이다.

인류가 개선이란 명목의 계획들을 늘어놓는 것이 조금 피곤하다는 생각이 들지 않은가? 특히 자신이 가지고 있는 깊은 문제를 해결하거나 환경을 그렇게 나아지도록 하지도 못하면서 떠벌리기만 하는 것이 말이다. 여기 환멸을 느끼는 데에는 굳이 그리스도인일 필요도 없다.

몇 년 전 앞서 가는 한 시사 잡지사에서 "인류에 대한 재고"(Second Thoughts About Man)란 큰 제목 아래 일련의 에세이들을 특별 기획으로 연재했다. 인상적인 연재물이었다. 범죄, 가난, 편견, 여러 가지 우리를 곤란에 빠트리는 문제들의 해결책을 찾아 헤매는 현대를 살아가는 인생의 여러 단면들을 다루도록 기획되었다. 그 기획은 결론 부분에서 행동주의 심리학계, 종교계, 교육계, 과학계에 종사하는 사람들의 관점을 반영할 수 있도록 고안되었다. 결론은 간단히 말해서 문제를 해결하기 위한 일련의 접근방식들이 모두 실패했다는 것이었다. 인간의 왜곡된 속성을 해결하기 위한 아마도 모든 인간적인 노력이 아무런 열매가 없을 것임을 논했다.

> 70년대 사회적 동요의 중심에는 인간과 인간의 우주가 최근까지 생각해왔던 것 보다 훨씬 더 복잡한 깊이, 더 정확하게는 겸손한 자각이 있었다…낙관주의는 이 방법 혹은 저 체계가 어쨌든지 간에 정답이라고 생각하는 잘못된 열정을 낳았다. 이제 몇몇 자라나는 회의론은 어떤 체계가 인간에게 있는 고집과 왜곡을 완전히 극복하도록 할 것이라는 생각에 대해 의문을 제기하고 있다.[1]

행동주의 심리학자, 종교계 인물, 교육자, 과학자 등이 종사하고 있는 현장에서는 절대 인류 궁극적 소망이 발견될 수 없다고 그들 스스로가 이야기한다면 과연 어디에서 소망을 찾아야 하는가? 그들은 자기 직업에 선한 것이 없다고 말하는 것이 아니다. 그들은 많은 것을 이루어냈고 그것들은 충분히 자랑스러워할 만한 것들이다. 그런데 자신들의 최선에도 한계가 있고 궁극적인 문제는 인간 속성 깊숙이 내재해있으며 인간이 통제의 범위를 벗어난다고 그들이

1　*Time*, 2 April 1973, 78.

이야기하고 있다. 그들은 궁극적 문제를 해결할 수 없다. 무엇이 해결할 수 있는가? 인간과 자연을 뛰어넘은 무언가, 초인간적인 무언가, 초자연적인 무언가 만이 답이다.

이것이 기독교가 전하는 바이다. 부활을 기억하라고 요구한다. 부활은 새로운 생명과 위대한 능력의 증거이다. 이 생명과 능력은 그리스도 안에서 나타났다. 그리고 믿음으로 그리스도께 헌신하여 하나님의 영으로 예수님과 연합된 모든 이들 안에서 나타날 수 있다. 그리스도는 삶을 바꾸실 수 있다. 삶을 이미 바꿔오셨다. 지구상 어떤 힘도 이뤄낼 수 없었던 변화를 수많은 사람 안에서 이루셨다. 노골적으로 초자연적이고 그래서 우리 삶과 사회를 모두 변화시킬 수 있는 복음을 전할 수 있음이 기쁘다.

3. 성경적인 복음

세 번째 우리가 부활을 기억해야하는 이유는 우리가 부활을 기억하고 있는 한, 우리는 성경적인 복음을 항상 소유하고 있는 것이기 때문이다. 우리 신앙은 새롭거나 참신하지 않다. 대신 모든 참 신앙은 마땅히 그러해야 하듯이 인류 역사를 향한 하나님의 위대한 목적과 이어져 있다.

이런 진리는 초기 복음 전도자들에게 굉장히 중요했다. 그들은 신앙적 유전을 자랑스럽게 여겼고 그런 차원에서 동시대를 살아가는 사람들에게 그러한 유전을 일부 권하기도 했다. 예수님은 자신에게 일어나는 모든 일은 성경에서 미리 예견하였기 때문에 일어나는 것이라고 가르치셨다. 예를 들면 부활하신 후에 예수님이 이같이 말씀하시는 부분을 우리는 본다.

> 이에 그들의 마음을 열어 성경을 깨닫게 하시고 또 이르시되 이같이 그리스도가 고난을 받고 제 삼일에 죽은 자 가운데서 살아날 것[이]…[성경에] 기록되었으니(눅 24:45-46).

바울은 고린도전서에서 자신이 받은 복음을 고린도교회에 전했다고 말한다. 그리고 그 복음을 이렇게 요약한다.

> 이는 성경대로 그리스도께서 우리 죄를 위하여 죽으시고 장사 지낸 바 되셨다가 성경대로 사흘 만에 다시 살아나사(고전 15:3-4).

베드로도 다윗이 그리스도의 부활에 대해 기록했다고 증거하였다.

> 내 영혼을 음부에 버리지 아니하시며 주의 거룩한 자로 썩음을 당하지 않게 하실 것임이로다(행 2:27; 시편 16:10 인용).

다른 초기 전도자들도 이처럼 복음을 전했다. 자신이 부름 받아 전하고 있는 복음이 영원하다는 사실을 알고 있었다. 참신할 것이 없다. 대신 전 우주에서 가장 우선적인 주제이다. 이 복음은 세상이 시작되기 전부터 선언되었고 세상 끝까지 전해질 것이다.

우리는 소설을 전하는 것도, 일시적인 유행을 전하는 것도 아니다. 미국은 유행으로 가득 차 있다. 미국인들은 이상주의적이다. 그러나 자신의 이상주의의 근원이 무엇인지 결정하는 데에 애를 먹고 있다. 무언가를 바꾸자는 운동 그 자체가 매년 바뀐다. 어제 뜨거웠던 이슈는 온데간데없고 다른 이슈가 그 자리를 차지했다. 우리 믿음은 그렇지 않다. 수명이 짧지 않다. 우리 복음은 사람들이 20세기에 꿈꾸던 어떤 것이 아니다. 복음은 하나님이 선택한 사람들에게 전 세대를 거쳐서 나타난 하나님의 영원한 계획이다. 우리는 그 무리에 속한 일부이다. 아브라함과 이삭과 야곱과 함께, 다윗왕과 이사야 선지자와 다른 모든 선지자와 함께, 야고보와 베드로와 요한과 함께, 초대 교회 교부들과 뒤 이은 교회 교부들과 종교개혁자 루터, 칼빈, 츠빙글리 등과 함께, 이 시대를 살아가는 믿음의 사람들과 함께 우리는 한 무리에 속한 일부이다.

우리가 그리스도의 부활을 기억하는 한 우리는 신앙적 유전을 기억할 것이다.

4. 만족감을 주는 복음

끝으로, 네 번째 우리가 부활을 기억해야하는 이유는 부활을 기억하고 있는 한 받아들이는 자에게 만족감을 주는 복음을 항상 소유하고 있는 것이기 때문이다. 예수 그리스도 부활의 진리는 만족감을 준다.

삶에는 충족되지 않는 많은 것들이 있다. 일시적으로 만족할 수 있다. 그러나 쾌락은 이내 희미해지고 만족은 색이 바랜다. 젊을 때, 즉 삶이 우리 앞에 펼쳐져 있을 때는 세상이 주는 것이 그렇게 나빠 보이지 않는다. 명성과 부와 좋은 인간관계는 우리 눈을 끌기에 충분한다. 굶주림에 가득한 우리의 상상력은 우리가 가진 목표를 밝게 채색한다. 우리는 꿈을 먹고 산다. 하지만 미래가 그토록 바래왔던 것을 가져다주지 않을 때 어떤 일이 발생하는가? 고난과 죽음과 슬픔을 직면하면서 어떤 일이 발생하는가? 우리가 오랜 시간 모든 것을 바쳤는데 삶에 아무것도 남은 것이 없다면 삶은 비참해진다. 한편 그분의 임재 가운데 우리를 위한 처소를 예비하러 먼저 올라가신 살아계신 주 예수 그리스도와 우리가 연합했다면 삶은 의미가 있다. 환희가 가득할 것이다!

이러한 예를 디모데후서 2장에서 찾을 수 있다. 바울은 디모데에게 편지를 쓰고 있다. 그런데 바울은 어디에 있는가? 바울은 감옥에 있다. 가고 싶은 곳에서 들을 만한 누구에게나 복음을 전할 수 있었던 굉장히 자유로운 때가 그에게도 있었다. 그러나 지금 그는 갇혀있다. 그 날들은 모두 지나가 버렸다. 곧 그의 삶은 막이 내려간다. 바울이 불평하고 있는가? 인생의 쓴맛을 느끼며 그리스도에 대한 헌신을 후회하고 있는가? 전혀 그렇지 않다. 그는 기뻐하고 있다. 2장을 좀 더 읽어 내려가다 보면 그가 자신 있게 말하고 있음을 발견하게 된다.

> 미쁘다 이 말이여 우리가 주와 함께 죽었으면 또한 함께 살 것이요 참으면 또한 함께 왕 노릇 할 것이요 우리가 주를 부인하면 주도 우리를 부인하실 것이라 우리는 미쁨이 없을지라도 주는 항상 미쁘시니 자기를 부인하실 수 없으시리라(딤후 2:11-13).

삶이 끝나는 순간마저도, 고난의 현장에서도 십자가에 못 박히시고 부활하신 주님의 복음이 그를 만족시키는 것을 바울은 발견했다.

예수 그리스도의 부활을 기억하고 있는가? 만약 그렇다면 당신은 간결하고 초자연적이며 성경적이고 만족감을 주는 복음을 소유하고 있다. 당신은 무언가 간절히 필요한 누군가에게 나눠줄 수 있는 어떤 것을 가지고 있다.

15장

부활 주일을 위한
네 가지 단어

어떤 중요한 일이 발생했을 때 그 사건을 처음 알게 해준 단어가 종종 기억 속에 각인된다는 사실을 깨달은 적이 있다. 첫 아이가 태어났을 때 당시 간호사나 의사가 한 말을 나와 아내는 기억한다. 그 장면을 마음속에 그려보기도 한다. 어떤 사람은 제2차 세계대전 시작이나 끝을 알리는 소식을 어떻게 듣게 되었는지 기억한다. 친구의 죽음이나 승진, 대통령 선거, 인류가 처음으로 달에 발을 디딘 사건 등을 처음 들은 순간을 기억한다.

우리가 지금 함께 살펴볼 단어들도 이 같은 성향의 결과와 관련이 있지 않나 생각해본다. 죽은 자 가운데서 부활하신 예수 그리스도에 관한 소식을 처음 알린 단어들은 그것을 들은 여인들에게 각인되었고 다른 이들에게 전해졌고 마침내 마태복음을 통해 보존되어 우리에게까지 미쳤다.

분명히 그렇게 중요하지 않은 단어였다면 여인들의 기

분을 고려할 때 무언가가 기억될 수 있는 상태는 아니었다. 우선 명백히 그들은 부활을 예상하지 않았다. 그래서 주님의 시체에 향품을 바르기 위해 무덤이 있는 동산으로 간 것이다. 게다가 다른 문제에 관심이 쏠려있었다. "돌을 어떻게 치울까?" 마음속으로 생각하고 있었다. 아마도 경비병에 대해서도 걱정을 하고 있었을 것이다. 결국에는 무덤에 다다라 천사를 보고난 뒤 그들이 앞서 하던 돌에 대한 걱정은 두려움으로 바뀌었고 하늘의 메시지를 가지고 온 천사들은 그들을 안심시켜야 했다.

> 너희는 무서워하지 말라 십자가에 못 박히신 예수를 너희가 찾는 줄을 내가 아노라 그가 여기 계시지 않고 그가 말씀 하시던 대로 살아나셨느니라(마 28:5-6 상반절).

천사가 말을 이어가는 것을 들으면서 그 여인들의 오감과 기억 체계가 기이하리만치 예민하게 작동되고 있었음을 쉽게 상상할 수 있다.

> 와서 그가 누우셨던 곳을 보라 또 빨리 가서 그의 제자들에게 이르되 그가 죽은 자 가운데서 살아나셨고(마 28:6 하반절-7).

여기 천사가 한 말을 오늘날에도 들을 수 있지 않은가? 당신은 이 단어들을 기억할 수 있는가? 제 생각으로는 기억할 수 있고 또 기억해야만 한다. 왜냐하면 (글로바의 아내) 마리아와 살로메와 다른 친구들을 위한 메시지를 이 단어들이 담고 있었던 것만큼이나 분명하게 우리를 위한 메시지를 담고 있기 때문이다.

천사의 메시지는 네 개의 강렬한 명령문을 포함하고 있고 이 명령문을 중심으로 다른 내용이 전달되고 있다. 오라, 보라, 가라, 말하라. 우리는 무덤으로 와야 한다. 주님께서 누우셨던 자리를 보아야 한다. 그 후 우리는 사람들에게 가야한다. 그리고 그분의 부활에 대해 말해야 한다.

1. 오라는 초청

첫 번째 단어는 "오라"이다. 중요한 부분이다. 한 사람을 오도록 하는 데에는 많은 방해 요소가 있기 때문이다. 그 여인에게도 얼마나 많은 장애물이 있었을지 상상이 된다. 그 장소 자체가 방해요소였다. 새벽녘 무덤가는 확실히 매력적인 장소는 아니다. 그런 이유에서 다가가기를 주저했을 수 있다. "집으로 가요. 더 많은 사람들과 같이 오거나 날이 좀 밝을 때 나중에 다시 올 수 있잖아요" 하고 서로 이야기 했을 수도 있다.

로마의 명령도 그들이 다가오는 것을 방해했을 것이다. 무덤은 빌라도의 명령으로 봉해져 있다. 군인들이 무덤 앞에 자리를 잡고 지키고 있다. 그런데 이례적인 일이 일어났다. 돌이 옮겨져 있었다. 봉인이 풀렸다는 것이다. 누군가 로마의 명령을 거역한 것이다. "가까이 가면 안돼요. 로마가 금지했잖아요. 안을 들여다보면 안돼요" 라고 말했을 수도 있다.

아니면 그들 자신의 죄가 무덤에 다가오는 것을 방해했을 수 있다. 지금 여기에는 거룩하고 기적적인 무언가가 벌어졌다. "우리는 부정해요. 다가갈 수 없어요" 라고 말했을 수 있다. 여인들이 위와 같은 말 중 어떤 말을 했더라도 이해가 된다. 두려움이, 세상의 권위자가, 혹은 죄가 한 사람을 구세주 앞에 다가가지 못하도록 막는 것을 우리도 종종 본다.

그러나 그런 것들은 여인들을 막지 못했다. 여인들에게

앞으로 나아오라는 초청이 있었다. 주 예수 그리스도께서 굉장히 많이 하셨던 것과 똑같은 초청이었다. 여인들은 초청 속에 담긴 진정한 하나님의 음성을 알아채고 순종했다.

당신은 이런 초대에 순종으로 답하였는지 궁금한다. 성경을 통해, 복음에 대한 가르침을 통해 주 예수 그리스도께서는 당신을 오라고 초대하셨다. 당신을 초청하셨다.

> 수고하고 무거운 짐 진 자들아 다 내게로 오라 내가 너희를 쉬게 하리라 나는 마음이 온유하고 겸손하니 나의 멍에를 메고 내게 배우라 그리하면 너희 마음이 쉼을 얻으리니(마 11:28-29).

당신은 그분께 나아갔는가? 이 초청에 반응했는가? 당신이 먼저 반응하기 전까지는 삶에 그리스도인으로서의 성장도, 지식이나 지혜의 자라남도 없다. 첫 단어, 오라는 말씀은 아주 실제적인 것이다.

2. 추가 초청

둘째로 천사는 "그가 누우셨던 곳을 보라"고 했다(마 28:6). 이는 추가적이고 또 제 생각에는 꽤나 흥미로운 초청이다. "주님이 누우셨던 곳을 왜 보아야하는가?"라고 묻는다면 교훈적인 답을 얻을 수 있다. 왜 우리가 무덤을 보아야 하고 그것이 왜 유익할지 생각해보자.

첫째, 무덤을 볼 때 우리는 주 예수 그리스도의 낮아지심을 이해할 수 있다. 주 예수 그리스도는 이러한 죽음이 자연스러운 한낱 인간이 아니다. 예수님은 주님이다! 여호와이다! 구원자이다! 그리스도이다! 메시아이다! 예수님은 영원 전부터 하나님과 거하셨고 하나님이시고 하나님과 동등하시고 능력과 영광이 하나님과 동일한 분이시다. 그러나 모든 영광 버리시고 우리를 구원하시려고 죽기위해 인간의 형상을 입으셨다. 하늘의 모든 영광으로부터 이 땅에 오셔서 죽으시고 이런 무덤에 누우신 예수님의 겸손을 보라! 우리가 무덤을 볼 때 그곳에서 우리 주님의 사랑과 낮아지심을 발견한다.

둘째, 우리는 그곳에서 우리 죄악의 끔찍함을 발견한다.

우리 죄가 그분을 그곳에 묻히도록 만들었기 때문이다. 예수님은 자기 죄로 죽은 것이 아니다. 그분은 죄가 없으셨다. 그런 분이 우리가 죽어야할 자리에서 죽으셨다.

> 그가 찔림은 우리의 허물 때문이요 그가 상함은 우리의 죄악 때문이라 그가 징계를 받으므로 우리는 평화를 누리고 그가 채찍에 맞으므로 우리는 나음을 받았도다(사 53:5).

주님이 누우셨던 곳을 보고 "내 죄악이 주님을 저 자리에 누우시게 했구나"하는 고백이 나올 때 우리는 죄에 대한 올바른 자각과 반감을 가지기 시작한다.

셋째, 우리가 무덤을 보아야하는 이유는 우리도 마찬가지로 누워야 할 곳을 상기시키기 때문이다. 만약 우리가 무덤에 눕기 전에 주님이 다시 오시지 않으면 우리 역시 죽을 수밖에 없다. 우리가 지금 알고 있는 모두와 단절되는 시간이 있을 것이다. 우리는 친구와 사랑하는 사람들을 남겨두고 떠날 것이다. 모든 소유물을 남겨두고 떠날 것이다. 우리는 무덤을 보고 인간의 유한함을 배운다. 무덤은 지금의 삶 이후에 삶이 있고 그것을 위해 준비해야한다는 사실을 가르쳐준다.

넷째, 우리가 무덤을 보아야하는 가장 중요한 이유는 단지 우리 주님의 사랑과 낮아지심을 보기 위해서도, 단지 우리 죄악의 끔찍함을 발견하기 위해서도, 단지 우리 역시 죽을 수밖에 없음을 상기시키기 위해서도 아니다. 우리가 무덤을 보는 이유는 예수님이 지금 무덤 안에 계시지 않기 때문이다. 그분은 살아나셨다! 죽음을 이기셨다! 빈 무덤은 부활의 위대한 증거이다.

빈 무덤이 발견된 후 첫 몇 주 동안 일어난 일련의 사건들을 진지하고 분석적으로 기록한 대부분의 사람들은 정직하기만 하다면 어떤 기록물에도, 신약성경 뿐만 아니라 간접적인 기록을 보존하고 있는 요세푸스나 유대인 탈무드 같은 비기독교 저작물까지 포함한 어떤 기록물에도 무덤이 비었다는 사실 자체를 부정하려고 하는 시도는 단 한 차례도 없었다는 사실을 알게 된다.

때로는 신약성경에도 기록되어 있듯이 제자들이 와서 시체를 훔쳐갔다는 주장이 있다. 그러나 대중적인 작가이거나 독실한 작가이거나를 막론하고 어느 누구도 무덤이 비어있었고 시체가 사라졌다는 사실을 부인하지 않는다. 이것이 무엇을 설명하는가? 그리스도의 적대자들이 훔친 것은 아니다. 시체를 가지고 있었다면 제자들이 부활을 주장할 때 내어 놓았어야 마땅하기 때문이다. 제자들이 훔친 것도 아니다. 시체를 훔쳤다면 자기들이 날조한 사실을 위해 기꺼이 자신의 목숨을 걸 수는 없었을 테니까 말이다. 무덤은 비어있었다. 왜냐하면 그리스도께서 살아나셨기 때문이다.

다섯째, 우리가 무덤을 보아야 하는 이유는 중요한 교훈을 깨닫기 위함이다. 죽음에서 살아나는 것은 예수님뿐만이 아니다. 그분과 연합된 우리도 역시 살아나게 될 것이다. 예수님은 끝내 잃게 될 사람들을 위해 이 땅에 오셔서 가르치고 죽었다가 다시 살아나신 것이 아니다. 성경이 증언하듯 예수님은 그분을 믿는 자들을 "온전히 구원"(히 7:25)하시기 위해서 오셨다. 우리는 단지 하나님과의 화목을 위해 혹은 이 땅에 사는 동안 변화된 삶을 위해 영혼만 구원받은 것이 아니다. 육신을 포함한 우리의 전 인격이 구원받았다. 예수님이 주시는 구원은 완전한다. 그러므로 언젠가는 우리도 부활의 몸으로 그분과 함께 있게 될 날을 바라보며 빈 무덤을 본다.

한 설교에서 이 요점들을 간략히 밝혔던 찰스 해돈 스펄전(Charles Haddon Spurgeon)은 다음과 같이 자신의 생각을 표현했다.

> "와서 그가 누우셨던 곳을 보라." 그곳을 통해 당신도 그곳에 오래 누워있을 수 없음을 깨달으라. 그곳은 예수님이 계신 곳이 아니다. 그분은 나가셨다. 그리고 당신은 그분이 계신 곳에 함께 있어야 한다. 와서 이 무덤을 보라. 여기에는 문이 없다. 하나 있었다. 거대한 바위였다. 무지막지한 돌이었다. 아무도 움직일 수 없는 것이었다. 무덤은 봉해져있었다. 입구를 봉한 돌 위에 절대 아무도 움직이지 못하도록 산헤드린의 표식, 율법의 표식이 찍힌 것을 보지 못했는가? 그러나 지금 예수님이 누우셨던 곳에 가면 봉인이 풀려있다. 경비병들은 떠나갔다. 돌은 옮겨졌다. 당신의 무덤이 이와 같을 것이다.[1]

3. 해야 할 일

지금까지 천사의 메시지 중 두 개의 중심단어를 살펴보았다. "오라"는 초청과 "보라"는 명령이었다. 그것이 무엇을

---

1 Charles Haddon Spurgeon, "A Visit to the Tomb" in *Metropolitan Tabernacle Pulpit*, vol. 18 (Pasadena, Tex.: Pilgrim Publications, 1971), 647.

의미하는 지 살펴보았다. 다음 단어는 "가라"이다. 무덤 가까이 남아 그것이 주는 교훈을 배우는 것도 분명 축복일 것이다. 그럼에도 불구하고 해야 할 일이 있으므로 무덤에 계속 남아있을 것이 아니라 떠나서 할 일을 반드시 해야 한다는 사실을 "가라"는 단어가 상기시켜준다.

계속 남아있는 누군가가 있다. 이유는 알기 힘들다. 첫째 이유는 아마도 부활에 대해 정말 확신하지 못했기 때문일 것이다. 왠지 부활이 당혹스럽기만 한다. 그래서 부활에 대해 그다지 오래 이야기하고 싶지도 않는다. 이런 사람들은 돌아가신 예수님이 그들의 머릿속에서 쉽게 떠나지 않는다. 그래서 예수님께 호의를 베풀기 위해 그분의 죽음에 초점을 맞춘다. "예수님의 생애"와 관련된 책들을 읽어보았는가? 참으로 위대하게 속죄를 다루었으나 다소 변명하듯이, "사람들의 증언에 따르면 일요일 아침 그가 일어났다"로 마무리 짓는 그러한 작가들은 예수님께서 죽은 자로부터 실제로 살아났다고 믿지 않는다. 그렇기에 그들은 갈보리에만 집착한다.

또 다른 이유는 잘못된 경건을 들 수 있다. 이런 접근방식에 익숙한 그리스도인들은 그리스도의 죽음을 보고 감동을 받다. 그런 다음 꽤나 자연스럽게, 그렇지만 그릇되게 십자가 사건을 슬퍼하는 것으로 그리스도의 죽음에 대한 적절한 반응을 불러일으키려고 노력한다. 그리스도는 살아나셨다. 그들도 알고 있다. 하지만 왠지 예수님의 부활을 기뻐하면 그분을 욕되게 하는 것이라고 생각한다.

셋째 이유는 무엇인가? 기독교의 특정 교파에서는 예배 의식에 대한 관심이 예수님의 고난에 대한 잘못된 접근을 부추기기도 한다. 사순절은 40일간 이어진다. 모든 기간이 끝나면 성금요일을 지킨다. 그러니까 하나님으로부터 외면당하시고 사람으로부터 고통당하시는 그리스도를 위해 애가를 부르는 40일간을 보낸다. 그 다음 부활절이 와서 부활을 기뻐하는 아침 시간이 끝나고 나면 모두들 다시 예수님께 죄송스런 마음으로 돌아간다.

우리가 일요일에 예배를 드리는 이유는 무엇입니까? 왜냐하면 일요일은 부활의 날이기 때문이다. 그리스도인에게 매번 돌아오는 일요일은 부활절과 같다. 따라서 강조점은 정반대쪽에 있어야 한다. 성금요일에는 원한다면 특별히 그리스도의 죽음을 기억하는 날로 구분하여 보내는 것도 좋다. 하지만 일 년 내내 반복되는 일요일 마다 주님 부활의 승리를 기억해야한다. 우리가 꾸준히 무덤을 봉해두고 그래서 우리의 관심이 시체에 쏠리도록 설득하는 요소들이 많이 있다. 로마의 명령이 있었다. 봉인된 돌과 군인들이 있었다. 그러나 부활이 일어났을 때 무덤은 옮겨졌다. 봉인은 풀렸다. 군인들은 흩어졌다.

우리에게는 천사들의 메시지가 있다.

> 그가 여기 계시지 않고 그가 말씀 하시던 대로 살아나셨느니라. 와서 그가 누우셨던 곳을 보라 또 빨리 가서 그의 제자들에게 이르되 그가 죽은 자 가운데서 살아나셨고 (마 28:6-7).

4. 전해야 할 말

천사의 부활선언은 "이르되"라는 단어에 관심을 갖게 한다. 네 단어 가운데 순서상 가장 마지막에 있다. 의미상으로도 마지막에 있는 것이 옳다. 우리가 와서 빈 무덤을 보았다면 그리고 가라는 명령을 들었다면 그 다음에는 만나는 이들에게 들은 메시지를 말하는 것은 필연적이다. 좋은 소식은 전해져야 한다! 우리가 말하지 않는다는 것은 그 소식이 정말 좋은 소식임을 인정하지 않는 것이다.

간단한 예를 들어보자. 아이를 가진 부모라면 그리고 그 아이들을 데리고 집에서 부활절 계란 찾기를 해본 부모라면 무슨 말인지 바로 알 것이다. 그것을 아는가? 아이들은 절대 아무 말 없이 조용히 계란을 찾는 법이 없다. 내 집에는 세 명의 아이가 있다. 그래서 계란 하나를 찾으면 세 번의 보고가 뒤따른다. 어느 부활절 계란 스무 개를 숨겼다. 그래서 60번의 소식이 들려왔다. 막내가 계란을 찾고 소리쳤다. "내가 계란을 찾았다!" 그러자 맏이가 확인해준다. "제니퍼가 계란을 찾았은 것이 맞다!" 그러자 둘째가 거듭해서 말한다. "제니퍼가 정말 계란을 찾았다!" 하나의 계란에 세 번의 외침이 있었다. 20개의 계란을 찾는 동안 똑같이 반복되었다.

자, 세상에서 가장 좋은 소식은 예수 그리스도께서 부활하셨다는 소식이다. 그런데 어떻게 우리 그리스도인이 세상에 그 소식에 대해 말하지 못할 수 있는가? "무엇을 말해야 되지요?" 당신은 이렇게 물을 수 있다. 세 가지를 제안해 드리겠다. 첫 번째는 그분이 살아나셨다는 사실이다. 두 번째는 죽음을 정복하셨다는 사실이고, 세 번째는 사람이 십자가에 못 박고 죽인 주님이자 그리스도인 예수님이 살아나시도록, 죽음을 정복하시도록 하나님이 행하셨다는 사실이다. 빈 무덤이 그 증거이다. 부활 자체가 그 증거이다. 우리는 이 메시지를 이해하고 있는가? 그러면 다른 사람에게 말해야만 한다.

어떤 면에서 천사의 메시지는 한편의 설교이다. 완벽한 설교이다. 어떻게 이런 위대한 설교가 단 세 절에 축약되어 있는지 알 수 없지만 사실이 그렇다. 그렇다고 억지로 줄여진 것도 아니다. 먼저 선언이 있다. "그가 여기 계시지 않고…살아나셨느니라." 그러고 나서 네 번의 명령이 있다. "오라," "보라," "가라," "전하라." 바로 요지이다. 마지막으로 제일 끝에 약속이 있다.

> 너희보다 먼저 갈릴리로 가시나니 거기서 너희가 뵈오리라 (마 28:7).

약속이 왜 중요하는가? 왜냐하면 우리가 메시지에 대해 부끄러워할 수 있기 때문이다. 우리는 소심할 수 있다. 초자연적인 메시지를 일반 대중들이 있는 세상에 전하는 것이 어렵게 느껴질 수 있고 그러한 부담감에 압도될 수 있다. 여기에 여인들이 있다. 고대에 여인들은 별로 존중받지 못했다. 이런 여인들이 세상이 들어본 소식 중 가장 위대한 메시지를 들고 다른 사람들에게 가려하고 있다. 그 손에 들린 소식은 너무 거대하고 그래서 아주 믿기 힘든 소식이다. 아마 제자들조차 메시지를 믿으려하지 않을 것이다. 여인들끼리 "그런데 아무도 우리를 믿지 않을 거에요"라고 서로 이야기해도 인간적인 관점에서는 틀린 말이 아니다. 그러나 천사가 무엇이라 말하는가? "(부활하신 주 예수님은) 너희보다 먼저…가시나니"(7절). 그들은 메시지를 부끄러워할 수 있다. 그러나 예수님은 길을 보이시기 위해, 예비하시기 위해 먼저 가고 계신다.

이 약속이 여인들만을 위한 것인가? 아니다. 우리를 위한 약속이기도 한다. 잠시 뒤, 같은 장(마 28장)에서 예수님이 제자들에게 말씀하시고 세계 복음화의 일을 그들에게 위임하실 때 우리는 같은 메시지가 등장함을 발견한다. 예수님은 그분의 권세로 시작한다.

> 하늘과 땅의 모든 권세를 내게 주셨으니(마 28:18).

명령을 주신다.

> 너희는 가서 모든 민족을 제자로 삼아 아버지와 아들과 성령의 이름으로 세례를 베풀고 내가 너희에게 분부한 모든 것을 가르쳐 지키게 하라(마 28:19-20).

그 다음 말씀이 무엇인가?

> 볼지어다 내가 세상 끝날까지 너희와 항상 함께 있으리라 (마 28:20).

마태가 전한 복음의 마지막 부분이다. 그리고 이 부분은 약속의 말씀이다. 예수님은 우리와 함께 계신다. 예수님이 우리가 가는 길에 앞서서 가신다. 그런데 우리가 어떻게 이런 위대한 메시지를 세상에 전하지 못할 수 있겠는가?

The Christ of the Empty Tomb

16장

다시 사신 그리스도의 명령

스스로 하나님의 말씀을 공부하면서 이런 사실은 분명히 알아챘으리라 생각한다. 그리스도께서 부활하신 후 좋은 소식을 보이기 위해 나타나신 거의 모든 장면이 주님의 명령으로 전환된다는 점 말이다. 막달라 마리아에게 나타나셨을 때 그랬다.

> 너는 내 형제들에게 가서 이르되 내가 내 아버지 곧 너희 아버지, 내 하나님 곧 너희 하나님께로 올라간다 하라(요 20:17).

무덤가에 있다가 돌아가는 여인들의 경우도 그랬다. 무덤가에서 천사가 그들에게 말했다.

> 그가 여기 계시지 않고 그가 말씀 하시던 대로 살아나셨느니라 와서 그가 누우셨던 곳을 보라 또 빨리 가서 그의 제자들에게 이르되 그가 죽은 자 가운데서 살아나셨고(마 28:6-7).

잠시 후 돌아가는 여인들에게 예수님이 나타나셔서 말씀하셨다.

> 무서워하지 말라 가서 내 형제들에게 갈릴리로 가라 하라 거기서 나를 보리라(마 28:10).

예수님이 나타나신 거의 모든 다른 장면에서도 마찬가지이다. 특히 제자들에게 공식적으로 나타나신 장면에서는 세계 복음화의 일을 명백하게 위임하셨다.

신약성경이 나타내는 한에서는 적어도 열 번 살아계신 주님이 나타나셨고 몇 년이 지난 후에 사도 바울에게 나타나셨다. 그 중 여덟 번에 명백한 위임의 말이 드러나 있고 그 중 다섯 번의 명령에 모든 세상에 다니며 복음을 전하라는 말씀이 특정 형식으로 명시되어 있다.

왜 그러한가? 나사렛 예수께서 첫 부활 주일 아침 죽은 자 가운데서 살아나셨다는 사실을 한 사람이 정말 믿고 그 사건의 의미를 이해한다면 그 사람이 부활에 대해 침묵한다는 것은 거의 불가능하다는 사실을 위 현상이 보여준다.

우리는 침묵하고 있는가? 전도자이자 성경공부 인도자인

르우벤 A. 토레이(Reuben A. Torrey)는 그의 책에서 1878년 봄에 있었던 D. L. 무디(Moody)와의 만남에 대해 언급한다. 당시 무디는 뉴헤이븐, 코네티컷 등지에 집회를 열고 있었고 부활 주일이 그 가운데 끼어있었다. 무디는 아침 일찍 일어나 거리로 나가 만나는 사람마다 이 위대한 사건을 전했다. "예수님이 살아나셨다." 그와 같이 오늘날 우리도 그분이 절실히 필요한 자들에게 다시 사셔서 통치하시는 그리스도를 전해야한다. 그들이 예수님을 자신의 소중한 구원자로 받아들이도록 종용해야한다.

1. 권세, 명령, 약속

이와 같은 선상에서 마태가 그리스도 생애에 대한 기록을 마치는 방법에 나는 감명을 받았다. 마태는 부활에서 그의 기록을 끝내지 않았다. 더 놀라운 것은 마태가 그리스도의 승천에 대해서는 기록하지 않았다는 점이다. 대신 그리스도의 지상명령으로 그의 복음서를 마치고 있다. 그리스도의 삶이 우리의 말과 행동을 좌우한다는 점에서 지상명령이 우리에게 얼마나 실제적인지 마태에게 너무도 선명하게 보인 것이다. 우리에게도 그러해야하듯이 말이다. 마태는 이렇게 기록한다.

> 열한 제자가 갈릴리에 가서 예수께서 지시하신 산에 이르러 예수님를 뵈옵고 경배하나 아직도 의심하는 사람들이 있더라 예수께서 나아와 말씀하여 이르시되 하늘과 땅의 모든 권세를 내게 주셨으니 그러므로 너희는 가서 모든 민족을 제자로 삼아 아버지와 아들과 성령의 이름으로 세례를 베풀고 내가 너희에게 분부한 모든 것을 가르쳐 지키게 하라 볼지어다 내가 세상 끝날까지 너희와 항상 함께 있으리라 하시니라(마 28:16-20).

이 명령은 세 부분으로 나눠진다. 첫째, 선언이다. "하늘과 땅의 모든 권세를 내게 주셨으니"(18절). 둘째, 명령이다. "그러므로 너희는 가서 모든 민족을 제자로 삼아 아버지와 아들과 성령의 이름으로 세례를 베풀고 내가 너희에게 분부한 모든 것을 가르쳐 지키게 하라"(19-20절). 셋째, 약속이다. "볼지어다 내가 세상 끝날까지 너희와 항상 함께 있으리라"(20절). 각 부분이 부활 사건 및 그 의미와 관련이 있다는 사실이 나는 놀라울 따름이다.

2. 위대한 선언

이 구절의 첫 번째 부분은 그리스도의 권세를 다룬다. 선언의 형식을 가지고 이렇게 말씀한다. "하늘과 땅의 모든 권세를 내게 주셨으니"(18절). 그리스도께서 가진 권세의 범위를 우리가 과대평가할 가능성이 있을까? 내 생각엔 불가능하다. 단순히 권세가 그분께 주어졌다는 정도에 그치지 않고 모든 권세가 그분께 주어졌다고 위의 선언이 말씀하고 있기 때문이다. 그렇다면 오히려 주님의 권세의 범위를 오해하거나 축소하지 않도록 주의해야 한다. 본문이 선언하는 예수님의 권세는 하늘과 땅을 그 영향력 아래로 둔 권세이다.

하늘의 모든 권세가 예수님께 주어졌다는 말은 간단히 말해 예수님이 이 땅에서 행사하셨던 권세가 하늘에서도 동일하게 적용된다는 말이다. 만약 그렇다면 이 말은 그리스도의 완전한 신성에 대한 표현이라 할 수 있다. 왜냐하면 여호와의 권세 외에 다른 권세가 없기 때문이다. 그런데 그리스도의 선언에는 그보다 더 많은 의미가 담겨있으리라 본다. 한 가지 생각해 볼 부분은 성경이 하늘의 "주관자" 혹은 "권세"라고 말할 때는 대개 영적 세력 혹은 악한 세력을 의미한다는 점이다. 따라서 성경이 죽음과 부활을 통한 그리스도의 승리를 말할 때는 대개 그러한 세력을 염두에 두고 있다.

그리스도인의 영적전쟁에 대해 말하고 있는 에베소서 6:12을 머릿속에 떠올릴 수 있다.

> 우리의 씨름은 혈과 육을 상대하는 것이 아니요 통치자들과 권세들과 이 어둠의 세상 주관자들과 하늘에 있는 악의 영들을 상대함이라(엡 6:12).

아니면 같은 서신 앞부분에서 하나님 능력의 위대함에 대해 말하는 구절을 머릿속에 떠올릴 수 있다.

> 그의 능력이 그리스도 안에서 역사하사 죽은 자들 가운데서 다시 살리시고 하늘에서 자기의 오른편에 앉히사 모든 통치와 권세와 능력과 주권과 이 세상뿐 아니라 오는 세상에 일컫는 모든 이름 위에 뛰어나게 하시고(엡 1:20-21).

마태복음의 그리스도께서 권세에 대해 하신 선언을 에베소서 문맥 속에서 생각해볼 때 주님이 말씀하시는 것은 이 땅에서 그분이 가진 권세가 하늘에서도 인정된다는 의미라기보다는 그분의 권세가 모든 권세보다, 영적세력이든 악한 세력이든 그 종류를 막론하고, 그보다 우월하다는 선언의 의미가 강하다. 예수님의 부활은 상상할 수 있는 어떤 능력보다 우위에 있는 그분의 권세를 증명한다. 따라서 예수님을 섬기는 가운데 마주 할 수 있는 사탄이나 그 어떤 것도 두려워할 필요가 없다.

다음으로 예수님은 이 땅의 모든 것에 대한 권세가 있다고 선언하신다. 이 선언은 몇 가지 차원에서 이해될 수 있다. 이 말은 예수님이 우리, 즉 그분의 백성을 주관하는 권세가 있다는 의미이다. 너무 당연하지 않은가? 우리가 진정으로 그분의 백성이라면 그분께 나아가 우리가 죄인임을 그리고 예수님이 신성한 구원자이심을 마땅히 고백한다. 또 우리를 위한 예수님의 희생을 우리가 받아들이고 예수님을 주님으로 따르겠다는 고백을 한다. 그러고서 우리 삶의 모든 영역을 주관하는 그분의 권세는 인정하지 않는다면 위선이다. 틀림없이 다른 합법적인 권세 역시 존재한다. 자녀에 대한 부모의 권세, 회중에 대한 교회 직분의 권세, 시민에 대한 정부의 권세 등이 있다. 이러한 것들이 유효하

긴 하지만 여전히 부차적인 권세이다. 예수님은 만왕의 왕이시고 만주의 주님이신다. 예수님이 지상명령을 주신 것이 그분의 백성에 대한 (우리가 진정 그분의 백성이라면 당연히 인정하는) 최상위 권세를 가진 권세자로서 주신 명령임을 우리는 잊어서는 안된다.

또한 그리스도께 이 땅에 대한 권세가 있다는 선언은 아직 믿지 않는 자들에 대해서도 예수님이 권세가 있다는 의미이다. 즉, 복음과 함께 우리가 만나야 하는 "민족"에 까지도 예수님의 권세가 미친다는 말이다. 이것은 우리 주님의 종교가 세계 종교가 되어야 한다는 것을 의미한다. 어느 누구도 그분의 권세 밖에 있는 사람이 없고 그 누구도 그분의 부르심에서 제외된 이가 없다. 다른 한편으로 그 말은 우리의 수고를 통해 열매를 거두게 하시는 그분의 능력에 대한 표현이다. 사람들이 실제로 믿게 되고 그분을 따르게 되는 것은 예수님의 권세를 통해서 이루어지기 때문이다.

존 R. W. 스토트(John R.W. Stott)는 그리스도의 권세에 대해 이렇게 말했다.

모든 기독교 선교의 힘의 핵심적인 근거는 "하늘과 땅"에 있는 우주적인 예수 그리스도의 권세이다. 만일 예수님의 권세가 이 땅에 제한되었다면, 만일 예수님이 많은 종교 지도자 가운데 한 사람, 많은 유대 선지자 중 한 사람, 많은 성육신 사례 중 하나에 지나지 않았다면, 우리가 그분을 세상의 주인이자 구원자로 온 민족들에게 전해야할 의무는 전혀 없었을 것이다. 만일 예수님의 권세가 하늘에 제한되었다면, 만일 이 땅의 나라와 주권을 전복시키지 않았다면, 우리가 그분을 온 민족들에게 전해야할 이유는 여전히 있을지도 모르지만 절대 "어둠에서 빛으로, 사탄의 권세에서 하나님께로 돌아오게" 할 수는 없었을 것이다(행 26:18). 오로지 땅의 모든 권세가 그리스도께 있기 때문에 우리는 감히 모든 민족에게 나아간다. 오로지 하늘의 모든 권세 역시 그분께 있기 때문에 우리는 사역을 마칠 수 있으리라는 소망을 가진다.[1]

3. 대위임령

본문의 두 번째 부분에는 명령이 포함되어 있다. 대위임령은 문자 그대로 참으로 위대한 명령이다. 이는 세 부분으로 나눌 수 있다. 우리는 세상으로 나가서 (가서 라고 번역된 헬

---

1 John R. W. Stott, "The Great Commission," in *One Race, One Gospel, One Task: Official Reference Volumes of the World Congress on Evangelism, Berlin 1966*, ed. Carl F. H. Henry and W. Stanley Mooneyham (Minneapolis: World Wide Publication, 1967), 46.

라어 단어는 분사형태로서, 명령의 의미보다는 가정의 의미가 강하다. 즉, 우리가 세상으로 가는 것은 당연히 가정되는 일이라는 의미를 나타낸다) "모든 민족으로 **제자를 삼아** 아버지와 아들과 성령의 이름으로 **세례를 베풀고** 내가 너희에게 분부한 모든 것을 **가르쳐** 지키게" 해야 한다. 이 명령은 일부 전문 전도자뿐만 아니라 모든 신자들에게 해당한다. 모든 세대의 모든 그리스도인들에게 주어진 말씀이다.

"가르치고" "세례를 주고" 또 "가르치라"는 이 지상명령은 예수님이 진정 주님이시라면 그리스도인들이 절대 간과할 수 없는 것이다. 이와 관련해서 리고니어 미니스트리(Ligonier Ministry)의 설립자이자 대표인 R. C. 스프롤(R. C. Sproul) 이야기가 떠오른다. 스프롤이 피츠버그 신학교(Pittsburgh Theological Seminary)를 다니며 역사신학 교수 존 H. 거스트너(John H. Gerstner)에게 수업을 들을 때 일어난 일이다. 거스트너 교수가 예정론에 대해 강의를 하다가 그가 평소 하던 대로 학생들에게 질문을 하기 시작했다. 스프롤은 커다란 반원형 강의실 한쪽 끝에 앉아 있었다. 거스트너는 반대쪽 끝에서부터 질문을 시작했다. 첫 번째 학생에게 물었다. "자, 학생, 만약 예정론이 사실이라면, 우리는 왜 전도를 해야 하지요?"

학생은 교수를 올려다보며 말했다. "잘 모르겠습니다."

거스트너가 다음 학생에게 묻자 대답한다. "금시초문입니다."

다음 신학생이 대답한다. "그 문제를 제기해주셔서 기쁩니다. 항상 제 스스로 궁금해 하던 부분이었습니다, 거스트너 교수님."

거스트너 교수는 반원을 따라 한 학생씩 이어서 계속 같은 질문을 던졌다.

시종일관 스프롤은 자신이 소크라테스의 대화 가운데 나오는 플라톤과 같다고 느끼면서 한쪽 구석에 앉아있었다. 소크라테스가 어려운 문제를 냈다. 그리고는 모든 새내기 철학자들의 대답을 들었다. 이제 플라톤이 그 해결할 수 없는 수수께끼 같은 문제에 대해 고상한 답을 내놓아야 했다. 스프롤은 숨이 막혀왔다. 마침내 거스트너가 그를 지목하고 물었다. "스프롤 학생은 답을 알거라 믿는다. 만약 예정론이 사실이라면 우리는 왜 전도를 해야 하는가?"

스프롤은 기어들어가는 목소리로 모든 변명을 담아 서론을 길게 늘어놓으면 이야기했다. "거스트너 교수님, 분명 당신이 원하는 답은 아닐 겁니다. 그리고 어떤 깊고 지적인 대답을 원하시는 것도 알고 있지만 그 역시 저는 준비하지 못했습니다. 그냥 지나가는 대답 정도로 들어주십시오. 한 가지 우리가 짚고 넘어가야할 작은 요점은 하나님은 우리에게 전도하라고 명령하셨다는 것입니다."

거스트너 교수가 웃으면서 말했다. "그렇다. 학생의 대답대로, 하나님은 우리에게 전도를 명령하셨다. 영광의 주님, 구원자, 전능하신 주님이 당신에게 전도를 명하셨다는 사실이 그냥 지나칠 수 있는 생각인가?" 학생들은 얼른 요점을 이해했다. 만약 주 예수 그리스도의 권세와 가르침을 진지하게 받아들인다면 우리도 이 요점을 바로 이해해야 한다.

더욱이 예수님은 그분의 명령이 모호해지도록 내버려 두지 않고 이어서 어떻게 그 명령을 지켜야 할지도 말씀하신다.

먼저 모든 민족을 제자로 삼으라고 말씀하신다. 킹제임스 버전 성경은 이 명령을 "모든 민족을 가르치라"라고 번역했다. 그러나 가르치다라고 번역된 단어는 다음에 나오는 가르치다라는 단어와는 다른 단어를 쓴다. 다음에 나오는 단어 디다스코(*didaskō*)는 영어 파생어 didactic(교훈적인)

이라는 영어 파생어를 봐도 알 수 있듯 "가르치다"라는 의미가 확실한다. 그러나 이 명령의 첫 단어는 마테튜오(matheteuo)로서 문자 그대로 "제자를 삼다"라는 뜻이다. 그래서 RSV(Revised Standard Version)와 NIV(New International Version) 성경은 이 구절을 "모든 민족을 제자로 삼아"(make disciples of all nations)라고 번역했다. 유사하게 NEB(New English Bible)은 "모든 민족을 내 제자로 삼아"(make all nations my disciples)라고 번역했다. 이 말은 그들을 예수 그리스도의 제자로 삼으라는 의미이다. 다시 말하면 말씀과 성령의 능력을 통해 그들이 죄로부터 떠나 그리스도께 나와서 그분을 주님으로 따르도록 그들에게 복음을 전하라는 말이다. 이 명령을 따르는 데에 있어서 복음을 전하는 것은 분명하고도 주된 일이다. 복음을 전하는 것 없이는 아무 일도 이어질 수 없다.

반면 뒤따르는 사역이 없이는 전도도 기껏해야 반쪽짜리에 지나지 않게 되고 심지어 실현되지 않을 수도 있다. 전도에 이은 지상 명령 두 번째 부분에서 예수님께 속한 사람은 회심한 자를 "아버지와 아들과 성령의 이름으로" 세례를 받는 자리까지 인도해야한다고 예수님은 말씀하신다. 이 말은 공허한 의례나 의식이 그리스도께 헌신한 마음을 대신해야 한다는 의미가 아니다. 그것과는 거리가 멀다.

이 부분은 두 가지 뜻이 있다. 첫째는 예수님을 구원자이자 주님으로 모시는 헌신은 공적이어야 한다는 뜻이다. 말한바와 같이 세례는 공적인 행위이다. 세례를 받는 사람이 예수님을 따르기로 작정했음을 다른 신자들과 세상 앞에서 선언하는 행위이다. 두 번째는 세례를 받는 사람이 예수님의 유형적 몸인 교회와 하나로 연합된다는 뜻이다. 나아가 이는 자연스럽고도 필연적이다. 우리가 진정 회심했다면 자연스럽게 비슷한 다른 회심한 사람과 어울리길 원할 것이다. 또 반드시 그래야 한다. 우리는 회심한 사람의 공동체에 소속된 사람이기 때문이다.

마지막으로 예수님의 명령을 수행하는 제자들은 예수님이 그들에게 분부한 모든 것을 가르쳐야 한다고 예수님은 지시하신다. 배움의 여정은 한 개인이 복음을 받아들이고 교회 일원으로 들어가면서 시작된다. 이제 배움에 길에 들어선 사람은 예수님이 이 땅에 계시는 동안 하셨던 말씀을 배울 뿐만 아니라 그분이 우리에게 주신 성경 전체를 배우게 된다. 제대로 된 선교는 복음을 들고 나가 사람을 얻어 그리스도께 드리고 교회 공동체에 데려온 다음 기록된 말씀이 잘 전수되는지 확인하는 것이다.

4. 우리와 함께 하시는 하나님

마태복음의 맨 마지막을 장식하는 구절은 위대한 약속을 담고 있다.

> 볼지어다 내가 세상 끝날까지 너희와 항상 함께 있으리라 (마 28:20).

이 구절을 보면 새로 태어날 그리스도의 이름이 명명되는 복음서 서두의 한 구절이 떠오른다.

> 처녀가 잉태하여 아들을 낳을 것이요 그의 이름은 임마누엘이라 하리라 하셨으니 이를 번역한즉 하나님이 우리와 함께 계시다 함이라(마 1:23).

온 우주의 위대한 하나님이 성육신으로 "임마누엘(우리와 함께 계시다)"이 되었다는 사실을 이 구절이 말씀한다. 심오한 말씀이 아닐 수 없다. 그런데 어떤 면에서는 이 복음서의 마지막은 더 놀랍다. 마지막 장면에서 우리가 듣게 되는 사실이 이와 같기 때문이다. 하나님은 예수님이 이 땅에서 사시는 33여 년의 시간 동안 우리와 함께 하셨다. 그런데 그분의 죽음과 부활의 결과로 이제는 우리와 영원히 함께 하신다. 지금 그분은 우리와 함께 계신다. 역사의 어느 특정한 시점도 특별한 지리적 위치도 아닌 모든 시간과 모든 공간에 동일하게 함께 하신다.

구원과 직결되는 믿음을 통해 그리스도를 알고 그분과 연합된 자는 절대 하나님과 분리되지 않는다. 그리스도께서 직접 우리와 함께 계시겠다고 약속했는데 무엇이 우리를 그리스도로부터 떼어놓겠는가? 아무것도 없다! 바울이 한 말씀 그대로이다.

> 내가 확신하노니 사망이나 생명이나 천사들이나 권세자들이나 현재 일이나 장래 일이나 능력이나 높음이나 깊음이나 다른 어떤 피조물이라도 우리를 우리 주 그리스도 예수 안에 있는 하나님의 사랑에서 끊을 수 없으리라(롬 8:38-39).

만일 방금 다룬 부활하신 그리스도의 지상명령을 우리가 심각하게 받아들인다면 두 가지 일이 벌어질 것이다.

첫째는 문제가 생길 것이다. 알다시피, 단지 세상에 나가서 신중한 접근을 통해 불멸을 주장하는 것 자체가 문제를 불러일으키지 않는다. 그런 주장에 대해서는 어떤 위협도 없다. 세상은 그런 주장을 사랑한다. 오늘날 많이 나와 있는 그런 것을 가르치는 서적이 사랑받는다. 반대로 우리가 이 위대한 역사적 진실 ("그리스도가 다시 사셨다"), 듣는 자들로 하여금 삶의 변화를 요구하는 이 진실을 가지고 세상에 나가는 것은 바로 문제가 된다. 사람들은 바뀌고 싶어 하지 않는다. 다른 누군가의 권위에 의해 바뀌는 것은 더 싫어한다. 그게 주 예수 그리스도라고 해도 마찬가지이다. 그들은 바꾸고 싶어 하지 않을 뿐만 아니라, 하나님이 먼저 그들의 마음속에 모든 변화의 가장 밑바탕인 거듭남을 주시지 않는다면 그들은 바꾸지도 않을 것이다. 복음을 들고 나간다는 것은 이론적 가능성으로 무장한 복음이 아니라 죽으시고 부활하시고 그 바탕 위에서 한 개인을 주관하시는 한분으로 무장하고, 이 한분이 전부인 복음을 들고 나가는 것이다. 물론 인기는 없다. 인기가 없으면 사람들은 이해하려 하지 않는다.

다른 한편 우리에게 어려움만 있는 것은 아니다. 우리가 예수님의 복음을 가지고 나갈 때 모든 것에 능한 그리스도께서 우리와 함께 계신다는 약속도 있다.

지상명령에 해당하는 한 구절에 모든 이라는 단어가 네 번 반복된다. "모든 권세"(18절), "모든 민족"(19절), "내가 너희에게 분부한 모든 것"(20절), 마지막으로 "항상," 다른 말로 "모든 시간"(20절) 이렇게 네 부분에서 모든 이라는 단어가 반복된다. 복음을 전할 때 문제가 생기는가? 그렇다. 그러나 우리가 세상에 나갈 때는 예수님이 분부하신 모든 것을 모든 민족에게 가르치도록 모든 권세를 가지신 예수님의 보냄을 받은 우리와 항상 함께 하신다는 약속을 가지고 나가야 한다.

P&R 도서안내

제임스 몽고메리 보이스의
성탄절 메시지 *The Christ of Christmas*

심성민 옮김
신국판 변형
312면

★ 제임스 몽고메리 보이스 목사님의 말씀은 사막의 오아시스와 같이 신선하고 풍성하다. 모든 성도들이 읽어야 할 필독서이다.

― 진재혁 박사(지구촌교회 담임목사)

★ 사변적이고 진부한 성탄절 설교가 넘쳐나는 오늘날 그의 설교는 신선한 도전이자 보완책이다.

― 이희성 박사(총신대학교 구약학 교수)

제임스 몽고메리 보이스의 성탄절 메시지는 성탄절의 진정한 의미를 알려준다. 그 이야기는 바로 우주의 창조자가 이 땅의 인간들 가운데 사시기로 작정하셨다는 이야기이다.

제임스 몽고메리 보이스의
부활절 메시지
The Christ of Empty Tomb

2014년 4월 1일 초판 발행
2021년 2월 28일 초판 2쇄 발행

지은이 | 제임스 몽고메리 보이스
옮긴이 | 권오창

펴낸곳 | 개혁주의신학사
등 록 | 제21-173호(1990. 7. 2)
주 소 | 서울시 서초구 방배로 68
전 화 | 02) 588-8546(본사) 031) 942-8761(영업부)
팩 스 | 02) 523-0131(본사) 031) 942-8763(영업부)
홈페이지 | www.clcbook.com
이메일 | prpkor@gmail.com
온라인 | 기업은행 073-000308-04-020
　　　　예금주: 개혁주의신학사

ISBN 978-89-7138-042-0(04230)
　　　 978-89-7138-035-2(세트)

낙장·파본은 교환해 드립니다.

이 도서의 국립중앙도서관 출판시 도서목록(CIP)은
서지정보유통지원시스템 홈페이지(http://seoji.nl.go.kr)와
국가자료공동목록시스(http://www.nl.go.kr/kolisnet)에서
이용하실 수 있다.
(CIP제어번호: CIP2014009125)